MICHEL DEON

LOUIS XIV

par lui-même

Jean-Cyrille Godefroy

ISBN 2-86553-023-X

INTRODUCTION

NÉ le 5 septembre 1638, roi à cinq ans le 14 mai 1643, déclaré majeur à treize ans, marié à vingt et un ans avec l'infante Marie-Thérèse d'Autriche, roi de France à la mort de Mazarin en 1661, mort le 1er septembre 1715, Louis XIV a connu le plus long règne de notre histoire. Le XVIIe siècle porte son nom et le XVIIIe, quoique en révolte contre ses ambitions, son style et ses idées, porte encore son sceau. Le renversement des alliances que Louis XV devait concrétiser en 1756 est l'œuvre de son prédécesseur, son œuvre ultime conçue l'année de sa mort : « ... dans le sursaut le moins attendu, dit Philippe Erlanger, Louis XIV conçut l'audacieux bouleversement diplomatique qui faillit changer le cours de l'Histoire. Il vit que les vieilles nations, France, Autriche, Espagne devaient s'unir contre l'ambition des nouveaux venus, Angleterre, Prusse, Russie, et ses agents reçurent l'ordre d'orienter leurs efforts vers cette alliance autrichienne que Louis XV devait signer en 1756 — trop tard hélas ! pour arrêter l'essor prussien et sauver les colonies françaises, trop tard pour contrarier le processus implacable qui menait aux guerres du XXe siècle (1). » 1661-1756, que l'on compte bien, cela fait près d'un siècle sur les coups de génie et les erreurs duquel nous vivons encore.

L'âge classique n'est pas né en 1661. Il est né avec Louis XIII, Richelieu, Corneille, Mazarin et Fouquet mais c'est Louis XIV qui lui a donné sa forme, fixé son contenu, et l'a porté, un temps, à son point de perfection d'où il ne pouvait plus, ensuite, que décliner ou se plagier. Avec l'âge classique, la France entre dans l'ère moderne par la grande porte : elle consolide ses frontières, elle se défend contre les Empires, elle noue des alliances, elle crée son industrie, elle ouvre des routes et des canaux, elle s'arme sur terre et sur mer, elle se dote d'une administration, elle est la première nation d'Europe, la plus civilisée. Le destin de l'Occident commence avec la France classique. Il durera un peu moins de trois cents ans, mais le nom de Louis XIV lui restera indéfectiblement attaché.

Cela, le monde le sait. Le monde, sauf les Français. Entre l'admirable *Siècle de Louis XIV* de Voltaire et l'école bainvillienne, nous ne trouvons qu'un grand vide historique. Des milliers de biographies ont été consacrées à Napoléon et la Révolution a son armée d'historiens, tandis que Louis XIV s'est vu oublié, craint ou calomnié. Pendant près de deux cents ans, nos propres historiens se sont acharnés contre le règne du Roi-Soleil. Ils l'ont nié, caricaturé et déformé à l'aide de clichés si usés qu'on s'étonne du peu d'imagination de ces détracteurs. L'offensive avait commencé sous Voltaire dont le livre à peine publié fut attaqué de toute parts. Les répliques furieuses et injurieuses de Voltaire à son critique La Baumelle, témoignent de la passion jalouse qui prend à la gorge les admirateurs de Louis XIV quand on attaque leur Dieu (2).

En fait, tout se passe comme si personne ne pouvait garder son sang-froid dans l'admiration ou la haine, face à cet homme qui conserva toujours une grande maîtrise de soi. Le bon Louis Bertrand, lui-même, en vient aux injures dans sa préface à son célèbre *Louis XIV* qui date de 1923 : « A ces ennemis naturels et ouvertement déclarés (les protestants et les papistes), il faut ajouter les ennemis sournois et inconscients, les médiocres et les jaloux, ceux qui ont horreur de la gloire et de toute grandeur et qui, dans les limbes de leur mauvaise conscience, se répètent à voix basse, avec les insulteurs du poète : Celui-là nous déplaît parce qu'il resplendit (3). »

Depuis des générations, les petits Français ont appris et apprennent encore à l'école que Louis XIV aimait trop la guerre, faisait gémir son peuple sous les impôts, trompait la Reine avec des boîteuses ou des empoisonneuses, et ne pensa, dans ses derniers jours, qu'à assurer les prétentions de ses bâtards. Les manuels nous disent, en revanche, très peu que le Roi subit plus la guerre qu'il ne l'imposa, soulagea maintes fois le peuple d'impôts qu'il estimait inhumain d'exiger en périodes de crise, aima la Reine d'un amour profond et digne, et ne donna rang aux bâtards dans la succession qu'à la suite de l'effroyable hécatombe qui porta en terre son fils, son petit-fils, son arrière petit-fils, hécatombe qui menaçait le principe même de la monarchie absolue de droit divin. Or, ce principe, Louis XIV en fut pénétré dès sa plus extrême jeunesse. Il avait cinq ans lorsque son père mourant le fit venir auprès de son lit et lui demanda :

« — Comment t'appelles-tu ?
— Louis XIV.
— Pas encore. »

Oui, c'était trop tôt, même au chevet d'un agonisant, mais le Dauphin savait déjà sa leçon. Quelques jours plus tard, conduit au Parlement, il devait entendre l'avocat général Omer Talon déclarer solennellement à genoux devant lui :

« — Sire, le siège de Votre Majesté nous représente le Trône du Dieu vivant. Les ordres du Royaume vous rendent honneur et respect comme à une divinité invisible. »

Même si un enfant de cinq ans n'entend pas le sens de tous ces mots, il doit en comprendre la signification générale. Les années de la Fronde l'ont blessé profondément. Il a vu, ce roi de dix ans, son pays en proie aux factions, épuisé par la guerre civile, menacé de l'extérieur comme de l'intérieur. Mazarin est là, qui veille et pare au plus pressé par la ruse, la violence et une sorte d'intelligence cynique dont on sait qu'elle triomphera parce que les frondeurs sont des bravaches sans esprit politique. Tout de même, il faudra souffrir beaucoup. Le Roi est encore un enfant quand ses troupes font le siège de Bordeaux. Son héritage est à reconquérir. Il pleure, et son ami Loménie de Brienne s'inquiète :

« — Qu'avez-vous, mon cher maître, vous pleurez ?
— Je ne serai pas toujours un enfant. Mais taisez-vous ! Je veux que personne ne s'aperçoive de mes larmes. Les coquins de Bordelais ne me feront pas longtemps la loi (3). »

Les cris du cœur de ce goût-là furent rares. En fait, très peu, dans son entourage, devinèrent sa personnalité véritable. Il semble que Mazarin s'en douta mais qu'Anne d'Autriche fut inconsciente de la nature de son fils, et que les précepteurs éprouvèrent quelques difficultés à en faire une tête bien pleine et bien faite. L'exercice semblait lui convenir mieux que l'étude et chacun flattait, non sans quelque hypocrisie, ce penchant pour le cheval et la chasse annonçant un roi qui laisserait volontiers gouverner ses ministres et ses favoris.

Cet effacement volontaire, nons en retrouvons une trace lors de son mariage en 1660. Il laisse sa mère, le cardinal et les diplomates mener les négociations et n'y apparaît pas, sinon d'une façon tout à fait romanesque. Le 4 juin se tient une conférence dans l'île des Faisans. La Reine s'y rend avec Monsieur, frère du Roi, le Cardinal et quelques conseillers. Le roi d'Espagne se présente avec l'infante Marie-Thérèse et ses diplomates. La conférence se termine quand un jeune homme arrive au galop. « Louis XIV avait ôté son ordre, de peur d'être connu du roi d'Espagne. Il demeura à la porte de la conférence et passant sa tête entre les épaules de don Luis de Haro et de M. le Cardinal, il regarda l'Infante un bon quart d'heure. Il était un peu pâle durant tout le chemin qu'il fit dans la galerie, et quand il vit l'Infante, il acheva de le devenir. L'Infante qui, au signe de l'œil que lui fit don Luis de Haro, jeta la vue sur le Roi se doutant que c'était lui, devint presque de la même couleur de son côté. Comme il était là incognito, le roi d'Espagne ne le salua point, et fit semblant qu'il le prenait pour un gentilhomme français (4). »

On a peine à croire que le même jeune homme, quelques mois plus tard, le lendemain de la mort de Mazarin, réunit son Conseil et debout, la tête couverte, s'adressant au chancelier Séguier, annonça d'une voix ferme :

> « — Monsieur, je vous ai fait assembler avec mes ministres et secrétaires d'Etat pour vous dire que, jusqu'à présent, j'ai bien voulu laisser gouverner mes affaires par feu M. le Cardinal. Il est temps que je les gouverne moi-même. Vous m'aiderez de vos conseils quand je vous les demanderai... La face du théâtre change : j'aurai d'autres principes dans le gouvernement de mon Etat, dans la régie de mes finances, et dans les négociations au-dehors que n'avait feu M. le Cardinal. Vous savez mes volontés ; c'est à vous maintenant, Messieurs, à les exécuter (5). »

Par ces quelques mots, Fouquet est déjà condamné. On lui adjoint d'ailleurs un protégé de Mazarin qui va le poursuivre d'une haine mortelle : Colbert. Et c'est

Lionne qui s'occupera désormais des Affaires étrangères. La stupeur règne. On n'ose pas croire à la volonté du Roi, mais rapidement il ne laisse aucun doute sur ses intentions. A l'archevêque de Rouen, président l'Assemblée du clergé qui lui demande :

« — Votre Majesté m'avait ordonné de m'adresser à M. le Cardinal pour toutes les affaires. Le voilà mort : à qui veut-Elle que je m'adresse ? »

Le roi répond sèchement :

« — A moi, Monsieur l'Archevêque. »

Son entourage découvre soudain son extraordinaire volonté. Cet homme se connaît comme personne ne le connaîtra. Ses maîtresses et ses confesseurs ne lui apprendront rien sur lui-même qu'il ne sache et qu'il n'ait déjà médité pour en tirer profit ou se corriger : « Cet orgueilleux, dit Paul Morand, fabriquera très tôt son personnage ; il commence par couvrir son embarras d'un air aisé... Louis est un personnage faustien devenu apollinien à la force du poignet (6). »

Pendant tout son règne, nous le verrons exercer sur soi cette domination implacable. L'anecdote est célèbre de son algarade extrêmement vive avec Lauzun. Le terrible gnome séducteur s'était vu promettre les fonctions de Grand Maître de l'Artillerie à condition de n'en parler à quiconque avant que la chose fût officielle. Trop heureux, il en parla. Louvois rapporta la chose au Roi qui n'admettant pas qu'on lui désobéît ainsi donna la charge à un autre. Dès que Lauzun le sut, il se précipita à la Cour et devant les courtisans stupéfaits, brisa son épée avec son pied et s'écria :

> « — Vous m'avez manqué de parole ! Jamais de ma vie, je ne servirai un prince qui trahit si vilainement ses promesses. »

Un silence terrible se fit. Le visage du Roi se crispa. Il leva sa canne, puis se ravisant, ouvrit une fenêtre et la jeta dehors.

> « — Je serais trop fâché, dit-il, d'avoir frappé un gentilhomme. »

Le lendemain, Lauzun se retrouva embastillé, mais la punition fut de brève durée. Quelques jours après, il était libre et pourvu de la charge de Capitaine des Gardes. La punition avait été aussi mesurée que la colère. Il semble que le Roi ait tiré de ce sang-froid, de ce « toujours raison garder » un grand orgueil. Dans la colère, il offensait l'idée qu'il se faisait de lui-même et de son rôle : « La colère est un révélateur unique... Louis XIV enfant entrait dans des rages folles ; ensuite le sens de la mesure, l'horreur du scandale furent les plus forts. Toujours sur ses gardes, Louis le Grand ne se livrera plus (6) ... »

C'est à nous de le deviner à travers ses écrits. Le jeune Roi avait une si haute idée de ce qu'allait être son régime qu'à peine en possession du pouvoir il commença de rédiger ses Mémoires. Le malheur a voulu que les devoirs et les plaisirs de sa charge ne lui permissent pas de les tenir à jour, année par année, comme il l'entendait. La fermeté de la pensée, la précision des desseins, la part de l'autocritique, la noblesse du ton, la profondeur des vues font de ces Mémoires le premier document politique du XVIIe siècle. Ce livre en comportera de larges extraits. Avec des ordres du jour, des décrets, des lettres, nous pourrions bâtir un Louis XIV qui ne serait pas mensonger, mais qui demeurerait, néanmoins, incomplet. Pour juger de Louis XIV par lui-même, il faut encore l'entendre parler. Les mots, les anecdotes recueillis par ses contemporains aident à brosser de lui un portrait légèrement différent de celui que pourrait inspirer seule la sévère histoire.

Certes, ces mots, ces anecdotes ne sont pas tous d'une fidélité parfaite. Beaucoup ont été déformés, soit avec intention, soit par manque d'exactitude. On ne prête aussi qu'aux riches. Voltaire qui cite beaucoup de mots du Roi dut se livrer à des enquêtes minutieuses, interroger ceux qui, encore vivants, avaient pu connaître Louis XIV et les siens. Devant le doute, souvent il s'abstint, citant ses raisons. Nous n'avons plus, et pour cause, les mêmes moyens que lui de vérifier l'historicité de certaines conversations. Peut-on croire intégralement la Princesse Palatine et la Grande Mademoiselle ? Quel crédit accorder toujours au duc de Saint-Simon qui ne connut que la fin du règne et maîtrisa si mal ses aigreurs ? Mme de Sévigné, dans sa province, ne vivait-elle pas de racontars et dans quelle mesure sommes-nous autorisés à lui faire crédit ? En fait, le seul moyen est de rechercher la véracité des propos par rapport au caractère du Roi.

Une chose est sûre : à cette Cour où l'étiquette est guindée comme elle ne l'a jamais été et ne le sera plus jamais, où la personne royale est divinisée comme celle d'un Dalaï-lama, la liberté des propos est extrême. On s'adresse au Roi à tout instant, sur le ton souvent le plus désinvolte même si l'on ne pousse pas l'insolence aussi loin que Lauzun. Et le Roi ne s'en affecte pas. Il aime cette bonhommie, ce franc-parler qu'il préfère d'instinct à la flagornerie. Mais ce n'est pas un esprit vif et confiant en soi. Il se méfie de son premier mouvement. La prudence lui fait répondre : « Je verrai », et si la chose n'est pas sortie de sa tête, en effet il « voit » quelques jours plus tard et avise. Le célèbre « je verrai » ne désarma pas toujours les solliciteurs. Témoin cet officier gascon réformé qui, dans la dernière bataille, avait perdu un bras. Venu à Versailles, solliciter une pension, il s'entendit répondre :

« — Je verrai.

— Mais Sire, si j'avais dit à mon général : « je verrai » lorsqu'il m'a envoyé à l'occasion où j'ai perdu mon bras, je l'aurais encore et ne vous demanderais rien (7). »

Il est inutile de dire que le Roi, touché, la lui accorda aussitôt. Mme de Sévigné nous rapporte qu'un jour où M. d'Armagnac insistait pour obtenir une faveur, le Roi répondit non un peu sèchement. « Sire, dit le courtisan, charbonnier est maître à sa maison (8). » Cette familiarité est si connue qu'un jour M. de Grammont dit à M. de Langlée qui jouait au brelan avec trop de désinvolture : « Monsieur, gardez ces familiarités-là pour quand vous jouerez avec le Roi (8). »

Le Roi n'aimait pas les cérémonies à table, ordonnait de manger avec lui, ne mettait pas la main à un plat sans demander avec lui, si l'on en voulait. Un soir, chez la maréchale de l'Hôpital, il ne consentit à s'asseoir que le dernier à une table préparée pour lui, ses hôtes, Monsieur et Mademoiselle :

« — Puisqu'il n'y a de place que celle-là, dit-il il faut bien que je m'y mette (9). »

M. de Montausier passait pour l'homme de Cour le plus véridique. Une fois, cependant, il sembla passer la mesure. On avait de mauvaises nouvelles des armées. Philisbourg investie (1676) ne pouvait être secourue.

« — En vérité, dit le Roi, je crois que nous ne pourrons pas secourir Philisbourg ; mais enfin, je n'en serai pas moins Roi de France.

— Il est vrai, Sire, répliqua Montausier, que vous seriez encore fort bien Roi de France quand on vous aurait repris Metz, Toul et Verdun, et la Comté et plusieurs autres provinces dont vos prédécesseurs se sont fort bien passés .

— Je vous entends, M. de Montausier, c'est-à-dire

que vous croyez que mes affaires vont mal : mais je trouve très bon ce que vous dites ; car je sais quel cœur vous avez pour moi (8). »

Un jour au tric-trac, le Roi eut un coup douteux. Autour de lui, on en discutait. Les plus courtisans demeuraient dans le silence. Arrive M. de Gramont.

« — Jugez-nous, dit le Roi.

— Sire, c'est vous qui avez tort.

— Comment pouvez-vous me donner tort avant de savoir ce dont il s'agit ?

— Sire, ne voyez-vous pas que, pour peu que la chose eût été seulement douteuse, tous ces messieurs vous auraient donné gain de cause (10) ? »

Les prédicateurs en usent à son égard avec la même liberté. Après un sermon, Louis XIV dit à Bourdaloue :

« — Mon Père, vous serez content de moi : j'ai renvoyé Mme de Montespan à Clagny.

— Sire, Dieu serait bien plus content si Clagny était à quarante lieues de Versailles (10). »

Villiers, ami très intime du duc de Vendôme, trouvait tout laid à Versailles et ne se gênait pas pour le dire. Ces propos revinrent à l'oreille du Roi qui l'arrêta dans la Galerie :

« — Eh bien, Villiers, Versailles n'a donc pas le bonheur de vous plaire ?
— Non, Sire.
— Cependant, il y a bien des gens qui n'en sont pas si mécontents.
— Cela peut être. Chacun a son avis !
— On ne peut pas plaire à tout le monde (10) ! »

Comme on lui raconte que Le Nôtre à Rome, dans un moment d'enthousiasme, a sauté au cou du Saint Père, il refuse de s'étonner :

« — Pourquoi pas ? Le Nôtre m'embrasse bien (3)... »

Et c'est vrai, dans un moment de joie, en visitant les jardins, Le Nôtre a pris le Roi dans ses bras pour lui plaquer deux sonores baisers sur les joues. Est-ce là le personnage glacé, compassé dont beaucoup d'historiens ont voulu nous entretenir ? On l'appelle Louis le Grand et on aurait pu l'appeler, comme son ancêtre, Louis le Débonnaire. Il aime le rire et la vie autour de lui. Son humour est grand, mais il sait le maîtriser. Rares sont les mots blessants que l'on pourrait citer de lui. Il a trop de respect pour sa personne et ne saurait accepter de s'abaisser à des traits qui vexent ou caricaturent quand la victime n'est pas en situation de répondre. A la veuve Scarron qui allait devenir Mme de Maintenon et sollicitait du Roi la même pension de 1 500 livres que feu son mari, il accorda 2 000 livres après l'avoir fait attendre plusieurs années, mais accompagna son geste des mots suivants :

> « — Madame, je vous ai fait attendre longtemps, mais vous avez tant d'amis que j'ai voulu avoir seul ce mérite auprès de vous (2). »

Voltaire cite également ces mots d'un esprit désabusé :

> « — Toutes les fois que je donne une place vacante, je fais cent mécontents et un ingrat. »

La duchesse de Bourgogne vive et impétueuse fouillait dans ses papiers, recommandait ses amis, donnait son avis sur tout. Le Roi l'aimait et lui pardonnait. Un jour, cependant, il la reprit d'un ton sec parce qu'elle plaisantait à voix haute un officier fort laid.

> « — Je le trouve un des plus beaux hommes de mon royaume parce que c'est un des plus braves (2). »

La Montespan et la Scarron après avoir eu partie liée, se retrouvèrent ennemies. Le Roi fut souvent pris pour arbitre de leurs ambitions :

« — Il m'est plus aisé de donner la paix à l'Europe qu'à deux femmes qui prennent feu pour des bagatelles (10). »

Tenant, en 1709, pour la première fois de sa vie un vrai conseil de guerre à la Cour, il perçoit l'air ennuyé et distrait du duc de Bourgogne, « l'élève de Fénelon », et lui dit, non sans aigreur :

« — A moins que vous ne préfériez aller à vêpres (10). »

On devait donner à Marly une petite fête avec une loterie pour les dames. Le secret en ayant été divulgué, des centaines de femmes tentèrent de savoir quels seraient les lots. Le Roi en fut très contrarié et fit décommander la fête.

« — On se figurerait mes présents d'une telle magnificence que tout ce que je donnerais ne paraîtrait rien en comparaison (7). »

C'est la Princesse Palatine encore qui raconte que les Jésuites voulant nuire au duc d'Orléans prétendirent que ce prince prenait à son service un officier janséniste. Le Roi fit venir le Duc :

« — Comment, mon neveu, de quoi vous avisez-vous de prendre un janséniste à votre service ?
— Moi ? Je n'y pense pas.
— Vous prenez X... dont la mère l'est.
— Je puis assurer Votre Majesté qu'il n'est sûrement pas janséniste ; il est même plus à craindre qu'il ne croie pas en Dieu.
— Oh si ce n'est que cela et que vous m'assuriez bien qu'il n'est pas janséniste, vous pouvez le prendre. »

L'affection, l'amitié qu'il éprouvait pour son frère, ne l'aveuglaient pas sur les petits comme les grands travers de son cadet. A la mort, le 2 février 1660, de leur oncle, Gaston de France, duc d'Orléans frère de Louis XIII (et donc Monsieur en titre jusqu'à cette date) le Roi rendit visite à Mlle de Montpensier, sa fille dont les initiatives, durant la Fronde, étaient depuis peu pardonnées :

« — Vous verrez demain, lui dit-il, mon frère avec un manteau qui traîne. Je crois qu'il a été ravi de la mort de votre père pour cela ; car il n'aurait osé en porter d'un autre par dignité. Je suis bien heureux que votre père ait été plus vieux que moi ; car sans cela mon frère aurait espérer en porter un par ma mort. Il croit en hériter et avoir son apanage ; il ne parle pas d'autre chose, mais il ne l'a pas encore (9) ! »

Le lendemain, la Grande Demoiselle vit Monsieur, frère du Roi, avec un « furieux manteau ».

Louis XIV estimait que l'ironie est un plat qui se mange froid. Sa prodigieuse mémoire entraînée dès l'enfance, par des exercices difficiles, l'aida maintes fois à répondre après des silences de plusieurs années. Lors du renvoi de Fouquet, il avait sollicité pour ce qu'il appelait son affaire, M. d'Ormesson qui répondit : « Sire, je ferai ce que mon honneur et ma conscience me suggéreront. »

Quinze ans plus tard, le même d'Ormesson demanda pour son fils une charge de Maître des Requêtes.

« — Je ferai, dit le Roi, ce que mon honneur et ma conscience me suggéreront (10). »

Avec cela, à une époque où la noblesse affecte trop souvent l'ironie et la morgue la plus détestable, Louis XIV est l'homme le plus affable du royaume. Dans les couloirs du palais il ôte son chapeau pour une chambrière qui passe en rasant les murs. Il a plus de déférence pour l'âge que pour les titres. Arnaud d'Andilly qui avait partagé la disgrâce de son ami Saint-Cyran, voulut sortir de sa solitude pour remercier le Roi de ce qu'il avait donné à son fils, M. de Pomponne, la place de M. de Lionne (3 septembre 1671). Mme de Sévigné a raconté cette rencontre dans une lettre, mais la relation la meilleure et la plus complète est d'Arnaud d'Andilly en personne. Il l'écrivit pour M. de Lusancy, son troisième fils, et n'a passé aucun détail de cette entrevue où le Roi fit assaut de charme et le « bon homme » d'Andilly de reconnaissance :

« Nous arrivâmes lorsque le Roi allait tenir conseil : et M. de Bartillat lui ayant dit que j'étais là, Sa Majesté lui répondit :

« — Amenez-le-moi. »

« Il n'y avait avec elle dans la galerie que M. Rose, secrétaire du cabinet, qui se retira : ainsi nous demeurâmes seuls, M. de Bartillat et moi, avec Sa Majesté.

« Lorsque je voulus lui faire mon compliment, elle prit la parole d'une manière si obligeante, qu'elle m'ouvrit le cœur, et me donna cette grande liberté de lui parler, qui continua durant cette audience si favorable, et qui fut fort longue. Sa Majesté me dit donc d'abord :

> « — Il ne fallait pas une moindre occasion pour vous faire sortir de votre solitude, où, quelque retiré que vous fussiez, vous n'avez pas laissé de beaucoup faire parler de vous. Mais je vais vous donner encore une autre joie, c'est que vous verrez votre fils plus tôt que vous ne pensez : car je lui mande de revenir le plus tôt qu'il pourra. »

« A quoi je répondis dans les termes les plus respectueux que je pus, pour lui témoigner mon extrême reconnaissance ; je dis entre autres choses que d'autres princes pouvaient donner de grandes charges, mais que les donner d'une manière qui les révélait encore infiniment au-dessus de ce qu'elles étaient par elles-mêmes, était une gloire qui lui était réservée, et dont nulles paroles ne pouvaient exprimer combien j'étais touché ; que j'osais assurer Sa Majesté qu'outre la fidélité et la passion pour son service qui étaient héréditaires à mon fils, j'espérais que Dieu lui ferait la grâce de la servir avec tant d'application et de désintéressement, qu'elle n'aurait point de regret de l'avoir comblé de ses faveurs ; Sa Majesté me dit :

> « — Mais vous oubliez à parler de sa capacité. Tout le monde me loue et me remercie du choix que j'ai fait de lui, et je m'en suis réjoui avec Bartillat. Quand vous n'auriez autre contentement et autre satisfaction dans le monde que d'avoir un tel fils, vous devriez vous estimer très heureux ; et comme il faut commencer par bien servir Dieu pour servir son roi, je ne doute point qu'il ne satisfasse à tous ces devoirs. Au reste, j'ai un avis à vous donner qui vous est fort important, car il regarde votre conscience ; je crois même qu'il pourrait y avoir sujet de vous en confesser : c'est que vous avez marqué dans l'histoire de Joseph que vous aviez quatre-vingts ans, et je doute que l'on puisse sans vanité faire voir que l'on est capable à cet âge de faire un si grand et un si bel ouvrage. »

« La suite du discours me fit dire à Sa Majesté, cela étant venu à propos, que je me plaignais de ce qu'entre tant de justes louanges qu'on lui donnait, il y en avait une sur laquelle on n'appuyait pas assez, qui était les duels ; elle me répondit :

« — On m'en loue aussi ! »

Et je lui repartis :

« — Oui, Sire, on vous loue : mais non pas, ce me semble, autant que le mérite une aussi grande grâce que celle que Dieu vous a faite d'arrêter ce torrent de sang qui entraînait dans l'abîme une partie de votre noblesse ; à quoi il a ajouté une autre grâce dont Votre Majesté ne saurait aussi trop le remercier, qui est d'avoir donné la paix à l'Eglise. Car l'Eglise, Sire, étant le royaume de Jésus-Christ, c'est une beaucoup plus grande gloire à Votre Majesté de lui avoir donné la paix que de l'avoir donnée à toute l'Europe. »

« Ce que Sa Majesté témoigna fort bien bien recevoir.

« Elle me dit que dès que j'étais entré, elle m'avait reconnu. Je lui répondis que je pouvais assez m'en étonner, parce qu'il y avait plus de vingt-six ans que je n'avais eu l'honneur de la voir, lorsque la Reine sa mère le tenant par la main dans la galerie du Palais-Royal, j'eus l'honneur de parler fort longtemps à cette grande princesse. Sur quoi le roi me dit, et d'autres fois encore durant cet entretien :

« — La Reine ma mère vous aimait beaucoup. »

Sur ce qu'après je dis ces paroles à Sa Majesté :

« — Tout ce que je puis faire, Sire, en l'âge où je suis, pour reconnaître les obligations dont mon fils et moi sommes redevables à Votre Majesté, c'est de continuer dans ma solitude à souhaiter qu'ensuite de tant d'immortelles actions qui éterniseront la mémoire de Votre Majesté, Dieu porte ses jours si avant dans le siècle à venir, qu'il n'y ait pas moins de sujet d'admirer la durée que le bonheur et la gloire de son règne. »

« Sa Majesté me répondit :

« — Vous me souhaitez trop. »

« Après cela je suppliai Sa Majesté de me dire si elle me permettait d'user de la même liberté avec laquelle le Roi son père et la Reine sa mère avaient toujours et pour agréable que je leur parlasse. Elle me répondit que oui ; et cela d'une manière si agréable que je ne craignis point de lui dire :

« — Sire, pour ce qui regarde mon fils, Votre Majesté l'a tellement comblé de ses bienfaits et de ses faveurs, qu'il ne saurait rien désirer davantage mais pour moi, Sire, j'avoue que pour être pleinement content, il me reste une chose à souhaiter.

« — Eh quoi ? me répondit le Roi.

« — L'oserais-je dire, Sire ? Lui répartis-je.

« — Oui, me répliqua Sa Majesté.

« — C'est, Sire, lui dis-je alors, que Votre Majesté me fasse l'honneur de m'aimer un peu.

« En achevant ces paroles, je lui embrassai les genoux ; et Sa Majesté me fit l'honneur de m'embrasser d'une manière qui acheva de me combler d'obligations.

« Je pris ensuite congé de Sa Majesté, et elle me fit l'honneur de me dire :

« — Je ne prétends pas que ce soit la dernière fois que je vous verrai. »

« Et sur ce que je lui répondis qu'il ne me restait qu'à prier Dieu pour elle dans ma solitude, Sa Majesté me dit :

« — Cela ne dépendra pas de vous : car si vous ne venez me voir, je vous enverrai quérir. »

« Sa Majesté commanda à M. Bontemps, capitaine de Versailles, de me donner à dîner, et elle me fit l'honneur de m'envoyer de ses fruits par M. de La Quintinie. Après dîner, Sa Majesté ayant témoigné à M. de Bartillat qu'elle serait bien aise que je visse toutes ses eaux, dont la beauté va sans doute au-delà de ce que l'on en peut imaginer, elle eut la bonté d'ajouter :

> « — Mais comme la Reine les veut faire voir à un seigneur espagnol qui va prendre possession du gouvernement d'Anvers, et à sa femme, je crains qu'elle n'y aille tard, et que cela mettant M. d'Andilly à la nuit, il ne s'enrhume. »

« La Reine, accompagnée de cette dame espagnole, alla sur le soir voir les eaux. Comme le carrosse de M. Bontemps, dans lequel j'étais, ne pouvait pas, dans une si longue file de carrosses, arriver aussitôt que Sa Majesté aux endroits où elle mettait pied à terre, elle avait la bonté d'envoyer un valet de pied pour me faire avancer ; et lorsque l'on fit jouer la grotte, elle me commanda de me mettre tout contre la portière du carrosse où elle était, afin que je ne fusse point mouillé. »

Ce soin dans les détails, cette attention soutenue, cette bonté cadrent mal avec l'image qu'on se fait d'ordinaire d'un Louis XIV hautain et distant. Il respectait l'infortune comme il respectait l'âge. L'infortune de Jacques II d'Angleterre, roi détrôné, eut le don de toucher le Roi. Eut-il raison de prendre le parti d'un souverain dont la dynastie était condamnée ? La politique dira non, mais les affinités religieuses et personnelles jouèrent en faveur de Jacques II. Quand ce dernier repartit pour l'Irlande prendre le commandement de son armée équipée par la France et encadrée par des officiers français, il fut salué par le Roi en ces termes :

« — Monsieur, je vous vois partir avec douleur ; cependant je souhaite de ne vous revoir jamais : mais si vous revenez, soyez persuadé que vous me retrouverez tel que vous m'avez laissé (8). »

Sa délicatesse est extrême et il est sensible à la réciproque trop rare dans une cour où presque tout le monde se montre avide de prébendes et de pensions. C'est encore Mme de Sévigné qui raconte l'entretien suivant entre le Roi et M. de Marsillac :

« — Monsieur, je vous donne le gouvernement de Berry qu'avait Lauzun.

— Sire, que Votre Majesté qui sait mieux les règles de l'honneur que personne au monde, se souvienne s'il lui plaît, que je n'étais pas ami de Lauzun ; et qu'elle ait la bonté de se mettre un moment à ma place, et qu'elle juge si je dois accepter la grâce qu'elle me fait.

— Vous êtes trop scrupuleux ; j'en sais autant qu'un autre là-dessus, mais vous n'en devez faire aucune difficulté.

— Sire, puisque Votre Majesté l'approuve, je me jette à ses pieds pour la remercier.

— Mais je vous ai donné une pension de douze mille francs, en attendant que vous eussiez quelque chose de mieux.

— Oui, Sire, je la remets entre vos mains.

— Et moi, je vous la donne une seconde fois, et je m'en vais vous faire honneur de vos beaux sentiments. »

Puis, se tournant vers ses ministres :

— J'admire la différence ; jamais Lauzun n'avait daigné me remercier du gouvernement de Berry ; il n'en avait pas pris les provisions ; et voilà un homme pénétré de reconnaissance (8). »

Nul n'eut, plus ancré au fond du cœur, l'amour de ses proches. Le Roi ne se cacha pas de fondre en larmes à la mort de ceux qu'il aimait le mieux. Saint-Simon a brossé un inoubliable portrait de la douleur de Louis XIV à la mort brutale du Dauphin en 1711. La Princesse Palatine, dans une lettre datée de 1676 nous a laissé le souvenir d'une attention particulière du Roi à son égard. Lors d'une partie de chasse, le cheval de Madame s'était emballé et elle n'avait trouvé d'autre moyen de se sauver que de se laisser tomber sur une pelouse sans se faire le moindre mal. « Vous qui admirez si fort notre Roi, écrit-elle à la duchesse de Hanovre, pour m'avoir si bien assistée lors de mes couches, vous l'aimerez encore dans cette rencontre, car c'est lui qui s'est trouvé le premier auprès de moi. Il était pâle comme la mort, et j'eus beau lui assurer que je ne m'étais fait aucun mal et que je n'étais pas tombée sur la tête, il n'a pas eu de repos qu'il ne m'eût lui-même visité la tête de tous côtés. Enfin, ayant trouvé que j'avais dit vrai, il me conduisit dans ma chambre, resta encore quelque temps auprès de moi pour voir si je ne m'évanouissais pas ; enfin il ne retourna au vieux château que lorsque je lui eus assuré derechef que je ne ressentais pas le moindre mal (7). »

La même Palatine a raconté dans une autre lettre

(1682), l'entretien qu'elle eut un jour avec le Roi. Les médisances de la Cour (on l'accusait de rapports particuliers avec sa femme de chambre, la Théobon), les insolences de Monsieur, les affronts avaient poussé à bout la pauvre Princesse exilée. Elle rêva un moment de se retirer dans un couvent, à Maubuisson, et s'en ouvrit à Louis XIV qui le lui interdit une première fois. Mais quand elle le revit dans sa calèche (pour se rendre à Saint-Cloud) :

« — Eh bien Madame, me dit-il, dans quel sentiment êtes-vous présentement ? Mon frère m'a parlé tout aujourd'hui et je le vois toujours souhaitant extrêmement de se raccommoder avec vous et de faire dorénavant ce qui pourra vous plaire, et pour moi je vous avoue que je serais ravi de faire un bon et véritable accommodement entre vous deux.

— Monsieur, vous avez trop de bonté, mais à quoi sont bonnes toutes ces façons de Monsieur. Il ne m'aime pas, n'a jamais su m'aimer... Ainsi, au nom de Dieu, permettez-moi de m'en aller.

— Eh bien Madame, puisque je vois que c'est véritablement votre intention d'aller à Maubuisson, je veux vous parler franchement : ôtez cela de votre tête. Car tant que je vivrai, je n'y consentirai point et je m'y opposerai hautement et de force. Vous êtes Madame, et vous êtes obligée de tenir ce poste, vous êtes ma belle-sœur et l'amitié que j'ai pour vous ne me permet pas de vous laisser me quitter pour jamais ; vous êtes la femme de mon frère, ainsi je ne souffrirai pas que vous lui fassiez un tel éclat qui tournerait fort mal pour lui dans le monde...

— Vous voulez que je sois malheureuse toute ma vie.

— Je ne veux pas que vous soyez malheureuse.

— Après ce qui vient de m'arriver, puis-je me fier un seul moment à la parole de Monsieur ? Et qui me garantira encore de tout ce qui peut m'arriver ?

— Ce sera moi (7). »

« Vous êtes obligée de tenir ce poste... », « Vous êtes ma belle-sœur... », « un éclat qui tournerait mal pour Monsieur », le Roi refuse aux querelles familiales, aux dissentiments de ses proches, le droit d'apparaître sur la scène. Il remplit ses devoirs de roi, quoi qu'il lui en coûte parfois et il entend qu'autour de lui on se plie à ces mêmes devoirs. La règle est plus dure pour les personnes royales que pour le commun des mortels. Sa cousine germaine, Mlle de Montpensier, s'y pliera comme les autres, non sans que le Roi ait éprouvé une profonde peine à revenir sur ses engagements. La Grande Mademoiselle avait obtenu de lui l'autorisation d'épouser son Lauzun. Hélas ! Lauzun ne fut pas assez prudent. Il triompha trop vite. Le Roi le sut. Sur des rapports qu'on lui fit, il comprit l'homme, sa féroce ambition et comment Mademoiselle allait être prise au piège. La scène a été racontée par la victime. Nul doute qu'elle soit vraie, dans l'essentiel du moins :

« — Je suis au désespoir, dit le Roi, de ce que j'ai à vous dire, mais je ne devais point souffrir que cette affaire s'achevât. Vous avez raison de vous plaindre de moi ; battez-moi si vous voulez. Il n'y a emportement que vous puissiez avoir que je ne souffre et que je mérite.

— Ah ! Sire que me dites-vous ? Quelle cruauté ! Il vaudrait mieux me tuer que de me mettre dans l'état où vous me mettez. Quand j'ai dit la chose à Votre Majesté, si elle me l'eût défendue, jamais je n'y aurais songé. Que deviendrai-je ? Où est-il, Sire, Monsieur de Lauzun ?

— Ne vous mettez point en peine. On ne lui fera rien.

— Ah Sire, je dois tout craindre pour lui et pour moi, puisque nos ennemis ont prévalu sur la bonté que vous aviez pour lui. »

Sur ces mots, le Roi se jeta à genoux en même temps que sa cousine et la tint embrassée, sa joue contre la sienne. Il pleurait aussi fort qu'elle.

« — Ah pourquoi, dit-il, m'avez-vous donné le temps de faire ces réflexions ? Que ne vous hâtiez-vous ?

— Hélas ! Sire, qui se serait méfié de la parole de Votre Majesté ? Vous n'en avez jamais manqué à personne, et vous commencez par moi et par M. de Lauzun ! Je mourrai et je serai trop heureuse de mourir. Vous me l'aviez donné ; vous me l'ôtez, c'est m'arracher le cœur.

— Ah ! ma cousine, ceci ne servira qu'à vous rendre plus heureuse. L'obéissance que vous me rendez en une occasion qui vous est si sensible, me met en état de ne vous pouvoir jamais rien refuser.

« — Ah Sire, quel est le mien ! Je ne vous demande qu'une chose où il y va de votre grandeur de tenir votre parole. Quoi ! Sire, ne vous rendez-vous point à mes larmes ?

— Les rois doivent satisfaire le public.

— Assurément, vous y sacrifiez bien.

— Il est tard. Je n'en dirai pas davantage ni autrement, quand vous seriez ici plus longtemps (9). »

« Les Rois doivent satisfaire le public... », n'est-ce pas là un mot (souvent cité par Voltaire) qui laisse rêveur de la part d'un souverain absolu commandant de son Olympe à une nation que les historiens nous ont longtemps présentée comme asservie à ses caprices guerriers et sentimentaux ? Mais Louis XIV savait mieux qu'aucun de ses prédécesseurs, qu'on ne gouverne pas dans le vide, qu'on ne gouverne pas sans avoir avec soi la nation consentante. Encore, pour l'avoir consentante faut-il lui donner l'exemple, lui inspirer un juste respect. « Le Roi, dit Pierre Gaxotte, trouve donc sa récompense la plus précieuse dans les marques sincères d'estime et de confiance qu'il reçoit de son peuple. » Et bien plus tard en 1705, après l'affaire Montpensier-Lauzun, il devait répondre à son petit-fils, le roi d'Espagne qui se plaignait à lui que ses actes ne fussent pas équitablement jugés :

« Je souhaiterais qu'on pût faire taire les discours dont Votre Majesté se plaint, mais il est impossible d'ôter au public la liberté de parler ; il se l'est attribué dans tous les temps, en tous pays et en France plus qu'ailleurs. Il faut tâcher de ne lui donner que des sujets d'approuver et de louer. J'espère qu'il s'en trouvera de fréquentes occasions dans la suite de votre règne (5). »

Les liens du Roi et de son peuple sont des liens de sang. Indissolubles, dirait-on aujourd'hui. La France s'éveille à la vie. Elle a tu (jusqu'à la Révolution qui les ranimera mortellement) ses querelles intérieures. Elle aspire à la paix, à la richesse, à l'ordre. Il faut que l'Europe compte avec elle. Le Roi se porte garant de ces aspirations. Il prend à sa charge le choix d'une politique. Le temps dira seul si ce choix est bon ou mauvais. Mais même mauvais, il est un acte, une preuve d'existence et il peut se corriger. Pour juger sainement des choses, l'autorité est indispensable. « La nation ne fait pas corps en France, disait Louis XIV ; elle réside entière dans la personne du Roi. L'Etat, c'est moi (10). » Aussi Jacques Bainville a-t-il rangé le Roi Soleil dans sa galerie des dictateurs : « S'il éleva, comme il fit, aussi haut la personne royale, c'est pour qu'elle ne risquât plus d'être menacée ni atteinte, ayant acquis assez de prestige et de force pour ôter à qui que ce fût jusqu'à l'idée d'entrer en rébellion contre elle (12). »

Cette majesté serait, cependant, sans racines profondes comme sans raison, si elle ne s'accompagnait pas, ainsi que nous l'avons vu plus haut, d'une certaine liberté d'expression, et si elle ne s'accommodait pas de fréquents contacts avec le public : « Louis XIV, dit Marie-Madeleine Martin, se promenait continuellement dans les jardins de Versailles ouverts à tout venant, et chacun l'abordait ; un jour une vieille femme l'invectiva à propos des dépenses du château... Lors de la naissance du duc de Bourgogne chacun veut féliciter le Grand Roi pour la venue de son petit-fils ; un étranger voyant tout le monde baiser la main du Roi, se précipite lui aussi et mord violemment la main tendue : au cri du monarque, il s'explique : « Sire, au milieu de cette presse, j'aurais craint que vous ne preniez pas garde à moi (13). » Mme de Sévigné raconte aussi l'histoire d'une vieille femme fort décrépite qui, fendant la foule, se présenta au dîner du Roi. Monsieur, outré, la repoussa et lui demanda ce qu'elle voulait :

« — Hélas, monsieur je voudrais bien prier le Roi de me faire parler à M. de Louvois. »

Tout le monde rit, mais Louis XIV s'approche :

« — Tenez, dit-il, voilà M. de Rheims qui y a plus de pouvoirs que moi. »

Le Roi aime son peuple. « Je tiens lieu de père à mes sujets, écrit-il à Amelot, et je dois préférablement à tout autre considération, songer à leur conversation. » Il n'a pas pour le peuple ce mépris qu'affichent beaucoup d'aristocrates dont les pensions sur la cassette royale ont fait des parvenus. Ceux-là ne mettent jamais les pieds sur leur terre. Ils ne connaissent que la soldatesque ou les laquais. Si dépensier que soit Louis XIV (encouragé d'ailleurs par Colbert qui ne lésine pas pour la gloire), il n'ignore pas que le trésor royal, pour une grande part, est le fruit du labeur patient des humbles. Après la mort de Colbert, comme il était question de mettre Le Pelletier aux finances, Le Tellier fit des objections :

> « — Sire, il n'est pas propre à cet emploi.
> — Et pourquoi ?
> — Il n'a pas l'âme assez dure.
> — Mais vraiment, dit le Roi, je ne veux pas qu'on traite durement mon peuple (2). »

Il aime répéter : « Je suis Français autant que Roi. » Mais ne nous fabriquons pas non plus une image fausse d'un souverain bonhomme auquel on marche sur les pieds dans son jardin et son palais. Les harengères de la halle peuvent venir pincer les joues du Dauphin pour vérifier qu'il est en bonne santé, ce sont des harengères et de simples femmes qu'il convient d'accueillir avec une simplicité égale. Quand un ambassadeur, Anglais de surcroît, se plaint insolemment qu'on ne démolît pas Dunkerque assez vite, le Roi répond :

> « — Monsieur l'Ambassadeur, j'ai toujours été le maître chez moi, quelquefois chez les autres. Ne m'en faites pas souvenir. »

Le mot est infirmé par Voltaire qui en doute, mais tant d'historiens le citent qu'il a probablement quelque chose de vrai. Stain, l'ambassadeur, avoua par la suite : « Je n'ai rien su dire. La vieille machine m'en a imposé. » Voltaire ne s'affirme pas certain non plus du parallèle sur les huguenots, un peu trop catégorique dans la forme, mais vrai dans le fond :

« — Mon grand-père aimait les huguenots et ne les craignait pas ; mon père ne les aimait point et les craignait ; moi je ne les aime ni ne les crains (2). »

On le trouve plus tranchant encore avec un prédicateur qui, un jour dans la chapelle de Versailles, avait eu l'audace de le désigner au cours de son sermon :

« — Mon père, lui dit-il après la messe, j'aime bien à prendre ma part d'un sermon, mais je n'aime pas qu'on me la fasse. »

En 1714, le maréchal de Villars avait eu l'indiscrétion de relater à l'Académie une conversation qu'il avait eue avec le Roi. Ce dernier l'apprit et le fit venir :

« — Villars, on ne croira jamais que, sans m'avoir demandé permission, vous parliez à l'Académie de ce qui s'est passé entre vous et moi avant Denain ; vous le permettre et vous l'ordonner serait la même chose. Je ne veux pas que l'on puisse penser ni l'un ni l'autre (10). »

Peut-il n'être pas dupe des flatteurs qui l'entourent depuis son enfance ? Il faut une extraordinaire robustesse de caractère pour résister à la flagornerie continuelle, surtout quand un inquiet cherche toutes les occasions de se rassurer. Mme de Sévigné rapporte que « les courtisans croyant faire leur cour en perfection disaient au Roi qu'il entrait à tout moment à Thionville et à Metz des escadrons et même des bataillons tout entiers, et que l'on n'avait quasiment rien perdu. Le Roi, comme un galant homme, sentant la fadeur de ce discours, et voyant donc rentrer tant de troupes :

« — Mais, dit-il, en voilà plus que je n'en avais. »

Le maréchal de Gramont, plus habile que les autres, se jette dans cette pensée :

« — Oui, Sire, c'est qu'ils ont fait des petits (1675) (8). »

Habile cette fois, le maréchal de Gramont ne sut pas l'être dans une autre occasion. C'est encore Mme de Sévigné qui raconte l'affaire. Le Roi s'était piqué d'écrire un petit madrigal dont, avec assez de jugeotte, il ne se montra pas content. Avisant un matin le maréchal, il lui tendit le madrigal :

« — Monsieur le Maréchal, lisez, je vous prie, ce petit madrigal et voyez si vous en avez jamais vu un si impertinent. Parce qu'on sait que depuis peu j'aime les vers, on m'en apporte de toutes les façons...

— Sire, dit le Maréchal après avoir lu, Votre Majesté juge divinement bien de toutes choses ; et il est vrai que voilà le plus sot et le plus ridicule madrigal que j'aie jamais lu.

— N'est-il pas vrai que celui qui l'a fait est bien fat ?

— Sire, il n'y a pas moyen de lui donner un autre nom.

— Oh bien, je suis ravi que vous m'en ayez parlé si bonnement ; c'est moi qui l'ai fait.

— Ah ! Sire, quelle trahison ! Que Votre Majesté me le rende ; je l'ai lu brusquement.

— Non, Monsieur le Maréchal ; les premiers sentiments sont toujours les plus naturels (8). »

La farce est cruelle. Mme de Sévigné ajoutait : « Pour moi qui aime toujours à faire des réflexions, je voudrais que le Roi en fît là-dessus et qu'il jugeât par là combien il est loin de connaître jamais la vérité. » On n'est pas certain qu'il ne la connût pas toujours. Son bon sens l'aidant à démêler les artifices du vrai, il n'aimait pas qu'on affectât devant lui, et pour lui, des sentiments mal mesurés. Après la mort de la Reine mère, Anne d'Autriche, M. de la Vallière entreprit, en public, de le consoler d'une façon indiscrète et bruyante. Louis XIV lui coupa la parole :

« — Monsieur, ce que j'ai souffert en perdant la Reine, Madame ma mère, surpasse tous les efforts de votre imagination ; et pour vous répondre en un mot, sachez que seule la main qui m'a porté un si rude coup est capable de l'adoucir (3). »

La mort de la Reine mère (janvier 1666) l'avait affecté particulièrement. Une longue maladie et une agonie courte mais douloureuse avaient jeté la Cour dans le désarroi. On craignait, en faisant apporter les derniers sacrements, de provoquer un choc fatal. Il fallut toute l'autorité du Roi pour imposer la venue d'un prêtre :

> « — Quoi ! On la flatterait et on la laisserait mourir sans sacrements, après une maladie de six mois ? Cela ne me sera pas reproché. Il n'est plus temps d'avoir de la complaisance (9). »

La douleur du Roi fut si vive qu'il s'évanouit dans la ruelle. Se souvint-il à ce moment-là de son enfance qu'elle avait protégée, du véritable culte qu'elle avait eu pour ce fils si tardif, des jours où elle se jetait à genoux devant lui, disant : « Je voudrais le respecter autant que je l'aime » (14), du tuteur, Mazarin, qu'elle avait su lui donner et qui l'avait averti de son métier de futur roi ? Il était désormais seul, et si grand que fût son orgueil, il ne pouvait pas ressentir sans un certain effroi cette solitude entière et terrible.

La mort de la reine Marie-Thérèse ne fut pas une moins grande épreuve. Il y avait eu de l'amour entre eux, à l'époque où elle n'était encore qu'une petite Infante, à la santé faible, au corps délicat, aux sentiments résignés. Elle n'avait pas élevé une plainte contre les liaisons abusives du Roi, s'était même prise d'affection pour Mlle de La Vallière si toutefois elle n'eut aucune sympathie pour Mme de Montespan. Louis XIV l'assista jusqu'au dernier souffle, ne la quittant pas d'un instant et lui parlant en espagnol pour qu'elle sourît. Plus tard il devait faire d'elle cet éloge mesuré mais qui en dit long :

« — Elle ne m'a jamais donné d'autre déplaisir que celui qu'elle m'a causé par sa mort (4). »

Est-il possible de se faire une idée du caractère réel du Roi d'après ces dialogues reconstitués par des mémorialistes, ces boutades, ces « mots d'auteur » ? Rien n'est moins certain. Un Louis XIV de façade, de parade est facile à reconstituer. Reste un Louis XIV secret et il fut bien le plus secret de tous les monarques de l'histoire de France. « Jamais, dit Saint-Simon, rien ne coûta moins au Roi que de se taire profondément et de dissimuler de même (15). » Personne ne connut avant la mort de Mazarin — sinon peut-être le Cardinal lui-même et encore rien n'est moins sûr — la décision du jeune Roi de gouverner seul. Personne ne sut si l'homme mûr avait ou non épousé vraiment Mme de Maintenon. Quantité d'audiences furent accordées dont le Roi sortait muet.

Un jour, un maréchal-ferrant de Salon-de-Provence se présenta à Versailles chargé, prétendait-il, d'un mystérieux message. On voulut le renvoyer mais le Roi eut vent de son insistance. Il accorda une entrevue privée dans son cabinet, écouta le simple homme avec beaucoup de bienveillance, puis le renvoya gratifié d'une pension. La Cour se perdit en conjectures sur le mystère du message qui pourrait bien avoir été un tour indirect de Mme de Maintenon. Le Roi n'en dit jamais rien. « Cet homme, écrit Louis Bertrand, qui a constamment vécu en public, qui, si l'on peut dire, faisait tout en public, qui a été traqué par les gazetiers et les pamphlétaires, investi par les historiens, dont la pauvre guenille humaine a été livrée à toutes les indiscrétions de la médecine et de la petite érudition — cet homme a si bien dérobé son âme aux regards profanes, que nous ignorons tout de sa vie intérieure, de sa pensée personnelle et secrète (16). »

Sur ses amours, nous ne savons que le bruit qu'elles firent. Avec Marie Mancini, il échangea des centaines de billets doux. Aucun ne nous est parvenu. Se les fit-il rendre pour les brûler ? Nous ne connaissons pas de lettre où transparaîtraient ses sentiments amoureux. On ne peut s'empêcher de voir là une précaution désabusée chez un homme qui s'enflamma pourtant maintes fois. Dès son adolescence, dès la terrible déception que fut sa rupture obligée avec la nièce du Cardinal, il eut, peut-on croire, l'intuition du caractère éphémère des amours qui jalonneraient sa vie royale...

Sur ses sentiments religieux, il est aussi réservé. Certes, il remplit ses devoirs, communie, assiste aux messes, écoute avec recueillement les orateurs sacrés, meurt entouré de prêtres et de hauts prélats mais il fut aussi le seul souverain catholique d'Europe qui osa tenir tête au Pape en des circonstances délicates, ne cédant pas un pouce de ses prérogatives. Cet homme pieux, ce pourfendeur d'hérésies faillit être l'instrument d'un schisme gallican. A la fin de sa vie, sous l'influence de son épouse morganatique, il affecta une extrême dévotion, mais, en fait, et tout l'atteste, demeura fort ignorant des notions élémentaires de la religion, s'en remettant à de plus qualifiés pour connaître la conduite à tenir.

La mort l'a englouti avec ses secrets et d'autres encore qui resteront des énigmes de l'Histoire. Il semble que Louis XIV n'ait voulu nous laisser qu'un seul portrait de lui-même, un portrait officiel. Le Roi a effacé l'homme autant qu'il l'a pu. Lui seul importe, et de sa hauteur, il domine son siècle, son peuple, son armée, ses ministres et ses ennemis ou alliés de l'Europe en gestation. Il nous invite à le juger sur pièces, uniquement sur pièces, à dresser avec lui le bilan de ce que la France a perdu ou gagné sous son règne, de l'état de ses finances comme de l'état de ses frontières, du progrès des arts et des lettres, de la décadence de la noblesse, du lustre de nos armes sur terre et sur mer.

A de brillants artistes comme M. le duc de Saint-Simon nous laisserons le soin de brosser un tableau d'humeur, d'ailleurs superbe par le ton, la force, la vivacité, mais suspect du fait de l'auteur qui admirait autant qu'il détestait son modèle. Encore faut-il se donner la peine de découvrir ce tableau dans son ensemble, avec ses alternances, et non pas seulement dans quelques-uns de ces détails fâcheusement isolés. « Loin de tout paradoxe, écrit Jean de la Varende, nous affirmons que l'esprit de parti, le goût romantique de l'antithèse ont fait un contresens de la fameuse allégation : « Né avec un esprit au-dessous du médiocre... » qu'on isole abusivement. Le contexte la transforme, et la suite la modifie, la voici dans son intégrité : « Né avec un esprit au-dessous du médiocre, MAIS un esprit capable de se limer, de se raffiner, d'emprunter d'autrui sans imitation et sans gêne, il profita infiniment d'avoir toute sa vie vécu avec les personnes qui en avaient le plus (d'esprit). » On voit donc que la célèbre affirmation tient plus à mettre le Roi en valeur qu'à le déconsidérer. Ce sera le triomphe de Louis XIV, un triomphe du caractère (17). »

Et voici maintenant les pièces du dossier.

ÉTAT DE LA FRANCE EN 1661

Le jeune souverain qui prit le pouvoir absolu en 1661, avait déjà eu, dans le secret, le temps de mûrir son destin. Il s'était assimilé les grandes vues de Mazarin qui continuaient celles de Richelieu, il n'oubliait pas l'expérience de la Fronde, il connaissait exactement le degré de fidélité des hommes. De longues guerres défensives l'avaient instruit des périls qui menaçaient la France. Tout dans son esprit était parfaitement clair et sa décision arrêtée depuis des mois. Rien ne pouvait plus le fléchir quand la nouvelle machine royale se mit en marche. Mais l'œuvre à entreprendre était immense et le Roi savait que la vie d'un homme est chose fragile. Il ne fallait pas qu'un principe pérît avec celui qui l'incarnait. Louis XIV décida alors d'écrire ses Mémoires à l'intention de Monseigneur le Dauphin. Ces mémoires devaient être la chronique, année par année, du règne. Non seulement, le Roi y relaterait des faits, mais il en tirerait les conclusions, il dresserait le premier manuel du bon usage de la monarchie en France. Malheureusement les travaux purement administratifs, les campagnes avec l'armée, les maladies, les soucis divers dérangèrent ce projet dans sa régularité, et nous ne possédons que les années 1661, 1662, 1666, 1667, 1668, plus quelques réflexions sur le métier de Roi et les instructions au duc d'Anjou, Philippe V d'Espagne.

Dès le début de son règne, Louis XIV commença le travail préparatoire aidé de Colbert. Mais ce dernier ayant déjà en main toutes les finances dut abandonner les archives. Le Président de Périgny, précepteur du Dauphin, prit le relais et à partir de 1668 commença d'écrire sous la dictée du Roi. Pellisson devait lui succéder en 1670 après un court intermède de Bossuet. La guerre et les occupations du souverain reportèrent la suite à 1680. Le Dauphin n'était plus un enfant. L'objet même des mémoires changeait. Louis XIV renonça à poursuivre la rédaction tant de fois interrompue. Sur la fin de sa vie, il pensa même détruire ces pages et le maréchal de Noailles les sauva de justesse du feu.

Cet extraordinaire document politique n'est pas de la main même du Roi. Des notes marginales l'authentifient et la lecture ne laisse subsister aucun doute : l'inspirateur est le Roi et les secrétaires ne sont que des secrétaires. Tous ces textes, écrit Jean Longnon, portent l'empreinte royale : même unité de ton ; même vue générale ; même genre d'exposé ; même démarche de la pensée ; mêmes réflexions entremêlées au récit (18).

A travers ces pages, Louis XIV apparaît comme le premier écrivain politique de son siècle, le plus pénétrant, et celui qui sut le plus éloquemment s'élever du particulier au général, définissant avec une sûreté rare les premiers éléments d'une morale du pouvoir absolu. La lucidité avec laquelle il analyse la situation intérieure et extérieure de la France en 1661 en est un exemplaire frappant :

Je commençai à jeter les yeux sur toutes les diverses parties de l'Etat, et non pas des yeux indifférents, mais des yeux de maître sensiblement touché de n'en avoir pas une qui ne m'invitât et ne me pressât d'y porter la main ; mais observant avec soin ce que le temps et la disposition des choses me pouvaient permettre. Le désordre régnait partout. Ma Cour en général était encore assez éloignée des sentiments où j'espère que vous la trouverez. Les gens de qualité ou de service, accoutumés aux négociations continuelles avec un ministre qui n'y avait pas d'aversion, et à qui elles avaient été nécessaires, se faisaient toujours un droit imaginaire sur tout ce qui était à leur bienséance ; nul gouverneur de place que l'on n'eût peine à gouverner ; nulle demande qui ne fût mêlée d'un reproche du passé, ou d'un mécontentement à venir que l'on voulait laisser entrevoir et craindre. Les grâces exigées et arrachées plutôt qu'attendues, et toujours tirées à conséquence de l'un à l'autre, n'obligeaient plus personne, bonnes seulement désormais à maltraiter ceux à qui on les voudrait refuser.

Les Finances qui donnent le mouvement et l'action à tout ce grand corps de la monarchie étaient entièrement épuisées, à tel point qu'à peine y voyait-on de ressource. Plusieurs des dépenses les plus nécessaires et les plus privilégiées de ma maison et de ma propre personne étaient retardées contre toute bienséance ou soutenues par le seul crédit, dont les suites étaient à charge ; l'abondance paraissait en même temps chez les gens d'affaires, couvrant d'un côté leurs malversations par toute sorte d'artifice, et les découvrant de l'autre par un luxe insolent et audacieux, comme s'ils eussent appréhendé de me les laisser ignorer...

Le moindre défaut dans l'ordre de la Noblesse était de se trouver mêlée d'un nombre infini d'usurpateurs, sans aucun titre ou avec titre acquis à prix d'argent sans aucun service. La tyrannie qu'elle exerçait en quelques-unes de mes provinces sur ses vassaux et sur ses voisins, ne pouvait plus être soufferte ni réprimée que par des exemples de sévérité et de rigueur. La fureur des duels un peu modérée depuis l'exacte observation des derniers règlements sur quoi je m'étais toujours rendu inflexible, montrait seulement par la guérison déjà avancée d'un mal si invétéré, qu'il n'y en avait point où il fallut désespérer du remède.

La Justice, à qui il appartenait de réformer tout le reste, me paraissait elle-même la plus difficile à réformer. Une infinité de choses y contribuaient : les charges remplies par le hasard et l'argent, plutôt que par le choix et par le mérite ; peu d'expérience en une partie des juges, moins de savoir ; les ordonnances sur l'âge et le service, éludées presque partout ; la chicane établie par une possession de plusieurs siècles, fertile en inventions contre les meilleures lois ; et enfin ce qui la produit principalement, j'entends ce peuple excessif aimant les procès et les cultivant comme son propre héritage, sans autre application que d'en augmenter et la durée et le nombre. Mon conseil même, au lieu de régler les autres juridictions, ne les déréglait que trop souvent par une quantité étrange d'arrêts contraires, tous également donnés sous mon nom et comme par moi-même, ce qui rendait le désordre beaucoup plus honteux.

Tous ces maux ensemble, ou leurs suites et leurs effets, retombaient principalement sur le bas peuple, chargé d'ailleurs d'impositions, pressé de la misère en plusieurs endroits, incommodé en d'autres de sa propre oisiveté depuis la paix, et ayant surtout besoin d'être soulagé et occupé.

Parmi tant de difficultés dont quelques-unes se présentaient comme insurmontables, trois considérations me donnaient courage. La première, qu'en ces sortes de choses il n'est pas au pouvoir des rois, parce qu'ils sont hommes et qu'ils ont affaire à des hommes, d'atteindre toute la perfection qu'ils se proposent, trop éloignée de notre faiblesse ; mais que cette impossibilité est une mauvaise raison de ne pas faire ce que l'on peut, et cet éloignement de ne se pas avancer toujours : ce qui ne peut être sans utilité et sans gloire. La seconde, qu'en toutes les entreprises justes et légitimes, le temps, l'action même, le secours du Ciel, ouvrent d'ordinaire mille voies et découvrent mille facilités qu'on n'attendait pas. La dernière enfin, qu'il semblait lui-même me promettre visiblement ce secours, disposant toute chose au même dessein qu'il m'inspirait.

En effet, tout était calme en tous lieux ; ni mouvement ni crainte ou apparence de mouvement dans le royaume qui pût m'interrompre ou s'opposer à mes projets ; la paix était établie avec mes voisins, vraisemblablement pour autant de temps que je le voudrais moi-même par les dispositions où ils se trouvaient.

L'Espagne ne pouvait se remettre si promptement de ses grandes pertes. Elle était non seulement sans finances, mais sans crédit, incapable d'aucun grand effort en matière d'argent ni d'hommes, occupée par la guerre de Portugal qu'il m'était aisé de lui rendre plus difficile, et que la plupart des grands du royaume étaient soupçonnés de ne vouloir pas finir. Le Roi était vieux et d'une santé douteuse ; il n'avait qu'un fils en bas âge et assez infirme ; lui et son ministre don Louis de Haro appréhendaient également tout ce qui pouvait ramener la guerre, et elle n'était pas en effet de leur intérêt, ni par l'état de la nation, ni par celui de la maison royale.

Je ne voyais rien à craindre de l'Empereur, choisi seulement parce qu'il était de la maison d'Autriche, lié en mille sortes par une capitulation avec les états de l'Empire, peu porté de lui-même à rien entreprendre, et dont les résolutions suivraient apparemment le génie plutôt que l'âge et la dignité.

Les électeurs qui lui avaient principalement imposé des conditions si dures, ne pouvant presque douter de son ressentiment, vivaient dans une défiance continuelle avec lui. Une partie des autres princes de l'Empire était dans mes intérêts.

La Suède n'en pouvait avoir de véritables ni de durables qu'avec moi : elle venait de perdre un grand prince, et c'était assez pour elle de se maintenir dans ses conquêtes durant l'enfance de son nouveau roi.

Le Danemark affaibli par une guerre précédente avec elle, où il avait été prêt à succomber, ne pensait plus qu'à la paix et au repos.

L'Angleterre respirait à peine de ses maux passés, et ne tâchait qu'à affermir le gouvernement sous un roi nouvellement rétabli, porté d'ailleurs d'inclination pour la France.

Toute la politique des Hollandais et de ceux qui les gouvernaient n'avait alors pour but que deux choses : entretenir leur commerce, abaisser la maison d'Orange ; la moindre guerre leur nuisait à l'un et à l'autre, et leur principal support était en mon amitié.

Le Pape seul en Italie, par un reste de son ancienne inimitié avec le cardinal Mazarin, conservait assez de mauvaise volonté pour les Français, mais elle n'allait qu'à me rendre difficile ce qui dépendrait de lui, et qui m'était au fond peu considérable. Ses voisins n'auraient pas suivi ses desseins, s'il en avait formé contre moi. La Savoie, gouvernée par ma tante, m'était très favorable. Venise engagée dans la guerre contre le Turc entretenait avec soin mon alliance, et espérait plus de mon secours que de celui des autres princes chrétiens. Le Grand-Duc s'alliait de nouveau avec moi, par le mariage de son fils avec une princesse de mon sang. Ces potentats enfin et tous les autres d'Italie, dont une partie m'était amis et alliés, comme Parme, Modène et Mantoue, étaient trop faibles séparément pour me faire peine, et ni crainte ni espérance ne les obligeait à se lier contre moi. Je pouvais même profiter de ce qui semblait un désavantage : on ne me connaissait point encore dans le monde ; mais aussi on me portait moins d'envie qu'on n'a fait depuis ; on observait moins ma conduite, et on pensait moins à traverser mes desseins (18).

DROITS ET DEVOIRS D'UN ROI

TRAVAILLEUR acharné, Louis XIV se fit une idée quasi sacrée de la fonction royale. Elle eut tout justifié si le Roi n'avait pas respecté des principes religieux qui posaient certaines limites au pouvoir absolu. Et la religion apprenait qu'à une somme de droits correspondait une somme égale de devoirs. On aura vu, plus haut, combien le Roi se méfiait de la spontanéité, de la sienne comme de celle des autres. En fait, rien ne s'improvise, tout est calculé, soigneusement. Les idées éclosent lentement, les décisions sont pesées. Mais quand l'heure est venue, la volonté s'exprime et l'ordre est irrévocable. Ici le père raconte à son fils comment a mûri en lui sa conception du pouvoir absolu, à partir de quels événements il a pensé son rôle royal.

Mon fils, beaucoup de raisons, et toutes fort importantes, m'ont fait résoudre à vous laisser, avec assez de travail pour moi, parmi mes occupations les plus grandes, ces Mémoires de mon règne et de mes principales actions. Je n'ai jamais cru que les rois, sentant, comme ils font, en eux toutes les tendresses paternelles, fussent dispensés de l'obligation commune des pères, qui est d'instruire leurs enfants par l'exemple et par le conseil. Au contraire, il m'a semblé qu'en ce haut rang où nous sommes, vous et moi, un devoir public se joignait au devoir de particulier, et qu'enfin tous les respects qu'on nous rend, toute l'abondance et tout l'éclat qui nous environnent, n'étant que des récompenses attachées par le Ciel même au soin qu'il nous confie des peuples et des états, ce soin n'était pas assez grand s'il ne passait au-delà de nous-mêmes, en nous faisant communiquer toutes nos lumières à celui qui doit régner après nous.

J'ai même espéré que dans ce dessein je pourrais vous être aussi utile, et par conséquent à mes sujets, que le saurait être personne du monde ; car ceux qui auront plus de talents et plus d'expérience que moi, n'auront pas régné, et régné en France ; et je ne crains pas de vous dire que plus la place est élevée, plus elle a d'objets qu'on ne peut ni voir ni connaître qu'en l'occupant.

J'ai considéré d'ailleurs ce que j'ai si souvent éprouvé moi-même : la foule de ceux qui s'empresseront autour de vous, chacun avec son propre dessein ; la peine que vous aurez à y trouver des avis sincères ; l'entière assurance que vous pourrez prendre en ceux d'un père qui n'aura eu d'intérêt que le vôtre, ni de passion que celle de votre grandeur.

Je me suis aussi quelquefois flatté de cette pensée,

que, si les occupations, les plaisirs et le commerce du monde, comme il n'arrive que trop souvent, vous dérobaient quelque jour à celui des livres et des histoires, le seul toutefois où les jeunes princes trouvent mille vérités sans nul mélange de flatterie, la lecture de ces Mémoires pourrait suppléer en quelque sorte à toutes les autres lectures, conservant toujours son goût et sa distinction pour vous, par l'amitié et par le respect que vous conserveriez pour moi.

J'ai fait enfin quelque réflexion à la condition, en cela dure et rigoureuse, des rois, qui doivent, pour ainsi dire, un compte public de toutes leurs actions à tout l'univers et à tous les siècles, et ne peuvent toutefois le rendre à qui que ce soit dans le temps même, sans manquer à leurs plus grands intérêts et découvrir le secret de leur conduite. Et, ne doutant pas que les choses assez grandes et assez considérables où j'ai eu part, soit au-dedans, soit au-dehors de mon royaume, n'exercent un jour diversement le génie et la passion des écrivains, je ne serai pas fâché que vous ayez ici de quoi redresser l'histoire, si elle vient à s'écarter ou à se méprendre faute de rapporter fidèlement ou d'avoir bien pénétré mes projets et leurs motifs. Je vous les expliquerai sans déguisement, aux endroits mêmes où mes bonnes intentions n'auront pas été heureuses, persuadé qu'il est d'un petit esprit, et qui se trompe ordinairement, de vouloir ne s'être jamais trompé, et que ceux qui ont assez de mérite pour réussir le plus souvent, trouvent quelque magnanimité à reconnaître leurs fautes.

Je ne sais si je dois mettre au nombre des miennes de n'avoir pas pris d'abord à moi-même la conduite de mon Etat. J'ai tâché, si c'en est une, de la bien préparer par les suites ; et je puis hardiment vous assurer que ce ne fut jamais un effet ni de négligence ni de mollesse.

Dès l'enfance même, le seul nom des rois fainéants et de mairès du palais me faisait peine quand on le prononçait en ma présence. Mais il faut se représenter l'état des choses : des agitations terribles par tout le royaume avant et après ma majorité ; une guerre étrangère, où ces troubles domestiques avaient fait perdre à la France mille et mille avantages ; un prince de mon sang et d'un très grand nom à la tête de mes ennemis ; beaucoup de cabales dans l'Etat ; les parlements encore en possession et en goût d'une autorité usurpée ; dans ma Cour, très peu de fidélité sans intérêt, et par là mes sujets en apparence les plus soumis, autant à charge et autant à redouter pour moi que les plus rebelles ; un ministre rétabli malgré tant de factions, très habile, très adroit, qui m'aimait et que j'aimais, qui m'avait rendu de grands services, mais dont les pensées et les manières étaient naturellement très différentes des miennes, que je ne pouvais toutefois contredire ni lui ôter la moindre partie de son crédit sans exciter peut-être de nouveau contre lui, par cette image quoique fausse de disgrâce, les mêmes orages qu'on avait eu tant de peine à calmer.

Moi-même, assez jeune encore, majeur à la vérité de la majorité des rois, que les lois de l'Etat ont avancée pour éviter des plus grands maux, mais non pas de celle où les simples particuliers commencent à gouverner librement leurs affaires ; qui ne connaissais entièrement que la grandeur du fardeau sans avoir pu jusque alors bien connaître mes propres forces ; préférant sans doute dans le cœur, à toutes choses et à la vie même, une haute réputation si je la pouvais acquérir, mais comprenant en même temps que mes premières démarches ou en jetteraient les fondements, ou m'en feraient perdre pour jamais jusques à l'espérance, et qui me trouvais de cette sorte pressé et retardé presque également dans mon dessein par un seul et même désir de gloire.

Je ne laissais pas cependant de m'éprouver en secret et sans confident, raisonnant seul et en moi-même sur tous les événements qui se présentaient, plein d'espérance et de joie quand je découvrais quelquefois que mes premières pensées étaient celles où s'arrêtaient à la fin les gens habiles et consommés et persuadé au fond que je n'avais point été mis et conservé sur le trône avec une aussi grande passion de bien faire, sans en avoir trouvé les moyens. Enfin quelques années s'étant écoulées de cette sorte, la paix générale, mon mariage, mon autorité plus affermie après la mort du cardinal Mazarin, m'obligèrent à ne pas différer davantage ce que je souhaitais et que je craignais tout ensemble depuis si longtemps (18).

DU RÔLE DES MINISTRES

NOUS avons déjà cité les mots du Roi au Conseil qu'il tint après la mort du Cardinal. Plusieurs des secrétaires d'Etat avaient de justes raisons de se croire promis au rôle de premier ministre. Fouquet en tête qui était une puissance à l'intérieur du royaume. Mais Louis XIV savait ses « voleries » tout en admettant son « esprit et sa grande connaissance du dedans de l'Etat ». S'imagina-t-il vraiment que Fouquet avouerait « ses fautes » et promettrait de se corriger ? On a peine à le croire. Le Surintendant était déjà condamné. En lui adjoignant Colbert, le Roi préparait une succession difficile à recueillir. D'autres étaient à écarter soit parce que, comme La Vrillière et du Plessis, ce n'était que de « bonnes gens », soit parce que, comme les deux Brienne, ils semblaient incapables. Restèrent Le Tellier, « sage, précautionné et modeste », Lionne « esprit aisé, souple et adroit », Fouquet flanqué de Colbert. Le Roi aurait pu « jeter les yeux sur des gens de plus haute considération, mais non pas qui eussent eu plus de capacité que ces trois. » Et ce petit nombre lui paraissait meilleur qu'un plus grand. En fait Louis XIV tenait avant tout à faire connaître au royaume que c'était lui-même qui gouvernait, et des secrétaires d'Etat travailleurs, doués d'énergie mais sachant se maintenir à leurs places, assuraient sa prééminence et son autorité. Il sut écouter les avis de ces hommes et de tout son règne ne conclut que cinq ou six fois contre l'opinion de son Conseil.

> Il m'a semblé nécessaire de vous le marquer, mon fils, de peur que par un excès de bonne intention dans votre première jeunesse, et par l'ardeur même que ces Mémoires pourront exciter en vous, vous ne confondiez ensemble deux choses très différentes : je veux dire gouverner soi-même, et n'écouter aucun conseil, qui serait une autre extrémité aussi dangereuse que celle d'être gouverné. Les particuliers les plus habiles prennent avis d'autres personnes habiles dans leurs petits intérêts. Que sera-ce des rois qui ont en main l'intérêt public, et dont les résolutions font le mal ou le bien de toute la terre ? Il n'en faudrait jamais former d'aussi importantes, sans appeler, s'il était possible, tout ce qu'il y a de plus éclairé, de plus raisonnable et de plus sage parmi nos sujets.
>
> La nécessité nous réduit à un petit nombre de personnes choisies entre les autres, et qu'il ne faut pas du moins négliger. Vous éprouverez de plus, mon fils, ce que je reconnus bientôt, qu'en parlant de nos affaires, quand nulle autre considération ne

nous en doit empêcher, nous n'apprenons pas seulement beaucoup d'autrui, mais de nous-mêmes. L'esprit achève ses propres pensées en les mettant dehors, qu'il gardait auparavant confuses, imparfaites et seulement ébauchées. L'entretien qui l'excite et qui l'échauffe le porte insensiblement d'objet en objet, plus loin que n'avait fait la méditation solitaire et muette, et lui ouvre, par les difficultés même qu'on lui oppose, mille nouveaux expédients.

D'ailleurs, notre élévation nous éloigne en quelque sorte de nos peuples, dont nos ministres sont plus proches, capables de voir par conséquent mille particularités que nous ignorons, sur lesquelles il faut néanmoins se déterminer et prendre ses mesures. Ajoutez l'âge, l'expérience, l'étude, la liberté qu'ils ont bien plus grande que nous de prendre les connaissances et les lumières de quelques inférieurs, qui prennent eux-mêmes celles des autres, de degré en degré jusqu'aux moindres.

Mais quand dans les occasions importantes, ils nous ont rapporté tous les partis et toutes les raisons contraires, tout ce qu'on fait d'ailleurs en pareil cas, tout ce qu'on a fait autrefois et tout ce qu'on peut faire aujourd'hui, c'est à nous, mon fils, à choisir ce qu'il faut faire en effet ; et ce choix-là j'oserai vous dire que si nous ne manquons ni de sens ni de courage, nul autre ne le fait mieux que nous ; car la décision a besoin d'un esprit de maître et il est sans comparaison plus facile de faire ce que l'on est, que d'imiter ce que l'on n'est pas. Que si l'on remarque presque toujours quelque différence, entre les lettres particulières, que nous nous donnons la peine d'écrire nous-mêmes, et celles que nos secrétaires les plus habiles écrivent pour nous, découvrant en ces dernières je ne sais quoi de moins naturel, et l'inquiétude d'une plume qui craint éternellement d'en faire trop ou trop peu, ne doutez pas qu'aux affaires de plus grande conséquence, la différence ne soit encore plus grande entre nos propres résolutions, et celles que nous laisserons prendre à nos ministres sans nous, où plus ils seront habiles, plus ils hésiteront par la crainte des événements et, d'en être chargés, s'embarrassent quelquefois fort longtemps de difficultés qui ne nous arrêteraient pas un moment.

La sagesse veut qu'en certaines rencontres on donne beaucoup au hasard ; la raison elle-même conseille alors de suivre je ne sais quels mouvements ou instincts aveugles au-dessus de la raison, et qui semblent venir du Ciel, connus de tous les hommes, mais de plus grand poids sans doute et plus dignes de considération en ceux qu'il a placés lui-même aux premiers rangs. De dire quand c'est qu'il faut se défier de ces mouvements ou s'y abandonner, personne ne le peut ; ni livres, ni règles, ni expérience ne l'enseignent : une certaine justesse et une certaine hardiesse d'esprit le font trouver, toujours plus libres en celui qui ne doit compte de ses actions à personne.

Quoi qu'il en soit, et pour ne revenir plus sur ce sujet, aussitôt que j'eus commencé à tenir cette conduite avec mes ministres, je connus fort bien non pas tant à leur discours qu'à un certain air de vérité qui se fait distinguer de la flatterie, comme une personne vivante de la plus belle statue, et il me revint depuis par plusieurs voies non suspectes, qu'ils n'étaient pas seulement satisfaits, mais en quelque sorte surpris de me voir dans les affaires les plus difficiles sans m'attacher précisément à leurs avis, et sans affecter non plus de m'en éloigner, prendre aussi facilement mon parti, et le plus souvent celui que la suite des choses montrait clairement avoir été le meilleur.

Bien qu'ils vissent assez, dès lors, qu'ils seraient toujours auprès de moi ce que doivent être des ministres et rien de plus, ils n'en furent que plus contents d'un emploi où ils trouvaient, avec mille autres avantages, une sûreté entière en faisant leur devoir, rien n'étant plus dangereux à ceux qui occupent de pareils postes, qu'un roi qui dort ordinairement, pour s'éveiller de temps en temps comme en sursaut, après avoir perdu la suite des affaires, et qui, dans cette lumière trouble et confuse, s'en prend à tout le monde des mauvais succès, des cas fortuits ou des fautes dont il se devrait accuser lui-même.

NÉCESSITÉ ET TRISTESSE DU CHÂTIMENT

Le pouvoir peut être absolu, la justice du pouvoir ne saurait, elle, prétendre à un tel qualificatif. Il lui faut être relative, et relative parce que la raison d'Etat est la raison non du plus fort mais du plus urgent. Il est certain que le procès de Fouquet est d'un exemple déplorable. On croit rêver : des espions de police, des faux complots qui ne trompent que les imbéciles, des magistrats aux ordres et plus serviles que des laquais, et au sommet une justice haineuse, ignorant le pardon, incapable d'un geste d'oubli, prolongeant la torture morale et physique d'un homme au-delà de la plus fruste humanité. On se croirait de nos jours, et non dans cette France du XVIIe siècle où la justice hiérarchisée et pénétrée de ses fonctions a l'orgueil de son indépendance et sait rappeler au pouvoir les limites de la décence.

Si Louis XIV a une excuse dans le cas de Fouquet,

c'est celle de la jeunesse et d'une autorité non encore affermie. Pour l'affermir, il fallait frapper fort et dur un surintendant dont la clientèle était nombreuse et dont on pouvait craindre que, prenant la fuite, il ne narguât le Roi de sa forteresse de Belle-Isle. D'autres châtiments royaux furent sans pitié. Le bien public les commandait. Ainsi de la disgrâce brutale de Pomponne qui inspira au Roi ces pages datées de 1679. Elles ne font pas partie des Mémoires proprement dits, mais auraient pu en composer un chapitre essentiel si le beau projet avait été poursuivi. On y retrouvera, en même temps que la conscience admirable de la fonction royale une note déjà moins sûre, moins sèche. Le Roi avoue une faiblesse. Des convenances l'ont empêché d'agir plus vite et plus ferme. Le bien de l'Etat s'en est ressenti. Or, le bien de l'Etat est sacré.

Les rois sont souvent obligés à faire des choses contre leur inclination et qui blessent leur bon naturel. Ils doivent aimer à faire plaisir, et il faut qu'ils châtient souvent et perdent des gens à qui naturellement ils veulent du bien, L'intérêt de l'Etat doit marcher le premier. On doit forcer son inclination et ne se pas mettre en état de se reprocher, dans quelque chose d'important, qu'on pouvait faire mieux, mais que quelques intérêts particuliers en ont empêché et ont détourné les vues qu'on devait avoir pour la grandeur, le bien et la puissance de l'Etat.

Souvent il y a des endroits qui font peine ; il y en a de délicats qu'il est difficile à démêler ; on a des idées confuses. Tant que cela est, on peut démêler sans se déterminer ; mais dès que l'on s'est fixé l'esprit à quelque chose et qu'on croit voir le meilleur parti, il le faut prendre : c'est ce qui m'a fait réussir souvent dans ce que j'ai fait. Les fautes que j'ai faites et qui m'ont donné des peines infinies, ont été par complaisance et pour me laisser aller trop nonchalamment aux avis des autres.

Rien n'est si dangereux que la faiblesse, de quelque nature qu'elle soit. Pour commander aux autres, il faut s'élever au-dessus d'eux ; et après avoir entendu ce qui vient de tous les endroits, on se doit déterminer par le jugement qu'on doit faire sans préoccupation et pensant toujours à ne rien ordonner ni exécuter qui soit indigne de soi, du caractère qu'on porte, ni de la grandeur de l'Etat.

Les princes qui ont de bonnes intentions, et quelque connaissance de leurs affaires, soit par expérience, soit par étude, et une grande application à se rendre capables, trouvent tant de différentes choses par lesquelles ils se peuvent faire connaître, qu'ils doivent avoir un soin particulier et une application universelle à tout.

Il faut se garder contre soi-même, prendre garde à son inclination et être toujours en garde contre son naturel. Le métier de roi est grand, noble et délicieux, quand on se sent digne de bien s'acquitter de toutes les choses auxquelles il engage ; mais il n'est pas exempt de peines, de fatigues, d'inquiétudes. L'incertitude désespère quelquefois ; et quand on a passé un temps raisonnable à examiner une affaire, il faut se déterminer et prendre le parti qu'on croit le meilleur.

Quand on a l'Etat en vue, on travaille pour soi. Le bien de l'un fait la gloire de l'autre. Quand le premier est heureux, élevé et puissant, celui qui en est cause en est glorieux, et par conséquent doit plus goûter que ses sujets, par rapport à lui et à eux, tout ce qu'il y a de plus agréable dans la vie.

Quand on s'est mépris, il faut réparer la faute le plus tôt qu'il est possible, et que nulle considération en empêche, pas même la bonté.

En 1671, un ministre mourut qui avait une charge de secrétaire d'Etat, ayant le département des Etrangers. Il était homme capable, mais non pas sans défauts : il ne laissait pas de bien remplir ce poste, qui est très important. Je fus quelque temps à penser à qui je ferais avoir sa charge ; et après avoir bien examiné, je trouvai qu'un homme qui avait longtemps servi dans les ambassades, était celui qui la remplirait le mieux. Je l'envoyai quérir : mon choix fut approuvé de tout le monde, ce qui n'arrive pas toujours. Je le mis en possession de la charge à son retour. Je ne le connaissais que de réputation et par les commissions dont je l'avais chargé, qu'il avait bien exécutées. Mais l'emploi que je lui ai donné, s'est trouvé trop grand et trop étendu pour lui. J'ai souffert plusieurs années de sa faiblesse, de son opiniâtreté et de son inapplication. Il m'en a coûté des choses considérables, je n'ai pas profité de tous les avantages que je pouvais avoir, et tout cela par complaisance et par bonté. Enfin il a fallu que je lui ordonnasse de se retirer, parce que tout ce qui passait par lui, perdait de la grandeur et de la force qu'on doit avoir en exécutant les ordres d'un roi de France qui n'est pas malheureux. Si j'avais pris le parti de l'éloigner plus tôt, j'aurais évité les inconvénients qui me sont arrivés et je ne me reprocherais pas que ma complaisance pour lui a pu nuire à l'Etat. J'ai fait ce détail pour

> faire voir un exemple de ce que j'ai dit ci-devant (18).

Une bonne justice commence aussi par une bonne organisation des services qui la rendent. Procès et procédures faisaient depuis des générations la joie des auteurs comiques. Racine, oubliant ses tragédies un instant, écrivait *les Plaideurs*. Molière se gaussait ouvertement des mœurs des tribunaux. Mais réformer, c'était aussi porter atteinte à des privilèges très fortement enracinés, bousculer des conventions, irriter la noblesse de robe frondeuse et assez vaine de ses prérogatives. Dès 1667, le Roi s'y attela non sans user d'une diplomatie qu'il ne cache pas au Dauphin :

> A l'égard du règlement général de la justice, dont je vous ai déjà parlé, voyant un bon nombre d'articles rédigés en la forme que j'avais désirée, je ne voulus pas plus longtemps priver le public du soulagement qu'il en attendait, mais je ne crus ni les devoir simplement envoyer au Parlement, de peur que l'on y fît quelque chicane qui me fâchât, ni les porter d'abord moi-même, de crainte que l'on ne pût alléguer un jour qu'ils auraient été vérifiés sans aucune connaissance de cause. C'est pourquoi, prenant une voie de milieu qui remédiait à la fois à ces deux inconvénients, je fis lire tous les articles chez mon chancelier, où se trouvaient les députés de toutes les Chambres, avec des commissaires de mon Conseil ; et quand, dans la conférence qu'ils y faisaient, il se formait quelque difficulté raisonnable, elle m'était incontinent apportée pour y

pourvoir ainsi que j'avisais. Après laquelle discussion, j'allai enfin en personne en faire publier l'édit.

Je réformai aussi dans le même temps la manière dont j'avais moi-même accoutumé de rendre la justice à ceux qui me la demandaient immédiatement : car je ne trouvais pas que la forme en laquelle j'avais jusque-là reçu leurs placets fût commode ni pour eux ni pour moi. Et, en effet, comme la plupart des gens qui ont des demandes ou des plaintes à me faire ne sont pas de condition à obtenir des entrées particulières auprès de moi, ils avaient peine à trouver une heure propre pour me parler et demeuraient souvent plusieurs jours à ma suite, éloignés de leurs familles et de leurs fonctions. C'est pourquoi je déterminai un jour de chaque semaine, auquel tous ceux qui avaient à me parler ou à me donner des mémoires avaient la liberté de venir dans mon cabinet, et m'y trouvaient précisément appliqué à écouter ce qu'ils désiraient me dire (18).

INSTRUCTIONS AU DUC D'ANJOU

FAISONS un saut jusqu'à 1700. Le Dauphin est un gros homme qui n'aime que la chasse au loup, la mangeaille et les plaisirs rapides. Il assiste au Conseil où il ne dit mot. Mme de Maintenon ne craint pas d'afficher pour lui son mépris. Ce n'est plus le doux enfant auquel son père prépare un royaume riche et paisible. Pourtant quand Monseigneur mourra en 1711, le Roi éprouvera douloureusement cette perte et les deux hommes auront une dernière et dramatique entrevue. Mais en 1700, le regard de Louis XIV se porte sur son deuxième petit-fils, le duc d'Anjou. Charles II, roi d'Espagne, est mort sans descendance. Un savant travail diplomatique et familial a préparé l'instant décisif. Charles II, par testament, lègue son empire au duc d'Anjou, frère du duc de Bourgogne. Le futur Philippe V a seize ans et il recueille une succession difficile dont son grand-père sait qu'elle ameutera l'Europe.

Dès l'annonce de l'ouverture du testament, le Roi convoque les Ambassadeurs étrangers dans le Cabinet de Versailles :

> « — Messieurs, dit-il, voilà le Roi d'Espagne. La naissance l'appelait à cette couronne, le feu roi aussi par son testament. Toute la nation l'a souhaité et me l'a demandé instamment : c'était l'ordre du ciel. Je l'ai accordé avec plaisir... »

Et se tournant vers son petit-fils :

> « — Soyez bon Espagnol, c'est présentement votre premier devoir. Mais souvenez-vous que vous êtes né Français pour entretenir l'union entre ces deux nations. C'est le moyen de les rendre heureuses et de conserver la paix de l'Europe... »

Le duc d'Anjou s'arracha aux siens. Ce jeune homme doux, hésitant, devait connaître un destin troublé. Le vieux Roi ne le voyait pas partir sans angoisse. Quelques sages conseils pouvaient aider un début de règne. D'où ces « Instructions » qui accompagnèrent le jeune monarque comme son premier viatique :

1. Ne manquez à aucun de vos devoirs, surtout envers Dieu.
2. Conservez-vous dans la pureté de votre éducation.

3. Faites honorer Dieu partout où vous aurez du pouvoir ; procurez sa gloire ; donnez-en l'exemple : c'est un des plus grands biens que les rois puissent faire.
4. Déclarez-vous en toute occasion pour la vertu et contre le vice.
5. N'ayez jamais d'attachement pour personne.
6. Aimez votre femme, vivez bien avec elle, demandez-en une à Dieu qui vous convienne. Je ne crois pas que vous deviez prendre une Autrichienne.
7. Aimez les Espagnols et tous vos sujets attachés à vos couronnes et à votre personne ; ne préférez pas ceux qui vous flatteront le plus ; estimez ceux qui, pour le bien, hasarderont de vous déplaire : ce sont là vos véritables amis.
8. Faites le bonheur de vos sujets ; et, dans cette vue n'ayez de guerre que lorsque vous y serez forcé et que vous en aurez bien considéré et bien pesé les raisons dans votre Conseil.
9. Essayez de remettre vos finances ; veillez aux Indes et à vos flottes ; pensez au commerce ; vivez dans une grande union avec la France, rien n'étant si bon pour nos deux puissances que cette union à laquelle rien ne pourra résister.
10. Si vous êtes contraint de faire la guerre, mettez-vous à la tête de vos armées.
11. Songez à rétablir vos troupes partout, et commencez par celles de Flandre.
12. Ne quittez jamais vos affaires pour votre plaisir ; mais faites-vous une sorte de règle qui vous donne des temps de liberté et de divertissement.
13. Il n'y en a guère de plus innocent que la chasse et le goût de quelque maison de campagne,

pourvu que vous n'y fassiez pas trop de dépenses.

14. Donnez une grande attention aux affaires ; quand on vous en parle, écoutez beaucoup dans le commencement et sans rien décider.
15. Quand vous aurez plus de connaissance, souvenez-vous que c'est à vous de décider ; mais quelque expérience que vous ayez, écoutez toujours tous les avis et tous les raisonnements de votre Conseil, avant que de faire cette décision.
16. Faites tout ce qui vous sera possible pour bien connaître les gens les plus importants, afin de vous en servir à propos.
17. Tâchez que vos vice-rois et gouverneurs soient toujours espagnols.
18. Traitez bien tout le monde ; ne dites jamais rien de fâcheux à personne ; mais distinguez les gens de qualité et de mérite.
19. Témoignez de la reconnaissance pour le feu roi et pour tous ceux qui ont été d'avis de vous choisir pour lui succéder.
20. Ayez une grande confiance au Cardinal Portocarrero, et lui marquez le gré de la conduite qu'il a tenue.
21. Je crois que vous devez faire quelque chose de considérable pour l'ambassadeur qui a été assez heureux pour vous demander et pour vous saluer le premier en qualité de sujet.
22. N'oubliez pas Betmar qui a du mérite et qui est capable de vous servir.
23. Ayez une entière créance au duc d'Harcourt : il est habile homme et honnête homme, et ne vous donnera des conseils que par rapport à vous.

24. Tenez tous les Français dans l'ordre.
25. Traitez bien vos domestiques, mais ne leur donnez pas trop de familiarité et encore moins de créance ; servez-vous d'eux tant qu'ils seront sages ; renvoyez-les à la moindre faute qu'ils feront et ne les soutenez jamais contre les Espagnols.
26. N'ayez de commerce avec la reine douairière que celui dont vous ne pouvez vous dispenser ; faites en sorte qu'elle quitte Madrid et qu'elle ne sorte pas d'Espagne ; en quelque lieu qu'elle soit, observez sa conduite et empêchez qu'elle ne se mêle d'aucune affaire ; ayez pour suspects ceux qui auront trop de commerce avec elle.
27. Aimez toujours vos parents ; souvenez-vous de la peine qu'ils ont eue à vous quitter ; conservez un grand commerce avec eux dans les grandes choses et dans les petites ; demandez-nous ce que vous aurez besoin ou envie d'avoir, qui ne se trouve pas chez vous ; nous en userons de même avec vous.
28. N'oubliez jamais que vous êtes Français, et ce qui peut vous arriver quand vous aurez assuré la succession d'Espagne par des enfants ; visitez vos royaumes ; allez à Naples et en Sicile ; passez à Milan et venez en Flandre : ce sera une occasion de nous revoir ; en attendant, visitez la Catalogne, l'Aragon et autres lieux ; voyez ce qu'il y aura à faire pour Ceuta.
29. Jetez quelque argent au peuple quand vous serez en Espagne, et surtout en entrant dans Madrid.
30. Ne paraissez pas choqué des figures extraordinaires que vous trouverez ; ne vous en moquez

point : chaque pays a ses manières particulières, et vous serez bientôt accoutumé à ce qui vous paraîtra d'abord le plus surprenant.

31. Evitez, autant que vous pourrez, de faire des grâces à ceux qui donnent de l'argent pour les obtenir ; donnez à propos et libéralement, et ne recevez guère de présents à moins que ce ne soit des bagatelles ; si quelquefois vous ne pouvez éviter d'en recevoir, faites-en à ceux qui vous en auront donné de plus considérables, après avoir laissé passer quelques jours.
32. Ayez une cassette pour mettre ce que vous aurez de particulier, dont vous aurez seul la clé.
33. Je finis par un des plus importants avis que je puisse vous donner : ne vous laissez pas gouverner ; soyez le maître ; n'ayez jamais de favoris ni de premier ministre ; écoutez, consultez votre Conseil, mais décidez : Dieu, qui vous a fait roi, vous donnera les lumières qui vous sont nécessaires tant que vous aurez de bonnes intentions (18).

Ces beaux conseils ne portèrent pas tous leurs fruits. Il fallut peu de temps au Roi pour déceler dans l'anarchie grandissante de l'Espagne en proie aux factions intérieures et aux menaces extérieures, l'incapacité de gouverner de son petit-fils. Une lettre datée de trois ans plus tard en témoigne. Le ton est d'un aïeul qu'on n'abuse pas, mais qui, contre sa triste conviction, espère encore un miracle de volonté de la part de celui à qui il a confié un destin trop grand et trop lourd.

5 mai 1703

Expliquez-moi librement vos pensées et vos embarras : je vous donnerai mes avis avec la même sincérité ; je ne sais pourquoi vous m'en demandez de nouveaux sur la crainte que vous avez de décider. Il me semble que je vous ai plusieurs fois conseillé de la surmonter. Je serai fort aise de savoir que vous parliez en maître, et de ne plus entendre dire qu'il faut qu'on vous détermine sur les moindres bagatelles. Il vaut presque mieux pour vous, de faire des fautes légères en vous conduisant par vos propres mouvements, que de les éviter en suivant trop exactement ce qu'on vous inspire. Vous voyez que je suis bien éloigné de vous reprocher d'avoir trop bonne opinion de vous-même. Je vous assure que je serai content quand vous voudrez véritablement gouverner (30).

DES FINANCES

Il n'est pas d'exemples de grand roi qui ait été pauvre. Louis XIV devait longtemps se souvenir de son enfance : draps troués, tristes chandelles, voyages dans d'inconfortables carrosses suivis de chariots transportant les rares meubles de la famille. Tout cela quand Mazarin ployait sous les richesses, quand Fouquet donnait à Vaux des fêtes somptueuses. Les finances publiques étaient livrées au pillage organisé, le premier ministre et le surintendant puisant à volonté, sans contrôle, dans le Trésor. De toutes parts, montaient des plaintes. Il est certain que l'anarchie qui régnait dans ce département de l'administration royale encourageait une autre anarchie, fiscale celle-là. Les rentrées d'impôts restaient problématiques et toujours inférieures à ce qu'on en attendait. Les communautés estimaient, à plus ou moins juste titre, que leur intérêt passait avant celui d'un Etat dépensier et désordonné qui procédait à une mauvaise répartition du revenu national. Dans cette partie des Mémoires que nous allons citer et qui raconte les mesures prises par le Roi dès 1662, Louis XIV a un mot admirable :

> « Ce qui est grand et beau quand nous le pouvons par l'état où se trouvent nos finances, devient chimérique et ridicule quand nous ne le pouvons pas. »

Un monarque qui part pour un règne superbe se doit de regarder ces questions-là de près, de très près. Louis XIV n'éprouva aucune gêne à tenir un carnet de comptes comme une bonne ménagère. Trois colonnes suffisaient : prévisions, recettes, dépenses. C'est là une nouvelle manifestation de la clarté et du bon sens du Roi. « Il y a, dit Pierre Gaxotte, dans les principes de Louis XIV une bonhomie qui est la marque d'un esprit supérieur. L'intelligence n'est pas faite de cabrioles imprévues ; elle consiste dans la conformité de la pensée avec le réel. Or jamais homme ne sut embrasser le réel d'une prise plus directe, plus forte, plus exactement calculée (5). »

> En travaillant au rétablissement des finances, je m'étais déjà assujetti, comme je vous l'ai dit, à signer moi-même toutes les ordonnances qui s'expédiaient pour les moindres dépenses de l'Etat. Je trouvai que ce n'était pas assez, et je voulus bien me donner la peine de marquer de ma propre main, sur un petit livre que je pusse voir à tous les mo-

ments, d'un côté les fonds qui devaient me revenir chaque mois, de l'autre toutes les sommes payées par mes ordonnances dans ce mois-là, prenant pour ce travail toujours l'un des premiers jours du mois suivant, afin d'en avoir la mémoire plus présente.

Il se pourra faire, mon fils, que dans le grand nombre de courtisans dont vous serez environné, quelques-uns, attachés à leurs plaisirs et faisant gloire d'ignorer leurs propres affaires, vous représenteront quelque jour ce soin comme fort au-dessous de la royauté. Ils vous diront peut-être que les rois nos prédécesseurs n'en ont jamais usé de la sorte, non pas même leurs premiers ministres qui auraient cru s'abaisser, s'ils ne se fussent pas reposés de ce détail sur le surintendant et celui-là encore sur le trésorier de l'épargne, ou sur quelque commis inférieur ou obscur.

Ceux qui parlent ainsi n'ont jamais considéré que, dans le monde, les plus grandes affaires ne se font presque jamais que par les plus petites, et que ce qui serait bassesse en un prince, s'il agissait par un simple amour de l'argent, devient élévation et hauteur quand il a pour dernier objet l'utilité de ses sujets, l'exécution d'une infinité de grands desseins, sa propre splendeur et sa propre magnificence, dont ce soin et ce détail sont le plus assuré fondement. Que s'ils veulent vous avouer la vérité, et reconnaître combien de fois ils prennent de fausses mesures, ou sont contraints de rompre celles qu'ils avaient prises, parce qu'il plaît ainsi à leur intendant, qui seul est le maître de ce qu'ils peuvent ou ne peuvent pas faire, quelles contradictions et quels chagrins ils ont à essuyer là-dessus, vous jugerez aisément qu'ils auraient sans comparaison moins de peine à savoir leurs affaires qu'à ne les savoir pas.

Imaginez-vous, mon fils, que c'est encore tout autre chose pour un roi, dont les projets doivent être plus divers, plus étendus, et plus cachés que ceux de pas un particulier, de telle nature, enfin, qu'à peine se trouve-t-il quelquefois une seule personne au monde à qui il puisse les confier tous ensemble et tout entiers. Il n'y a cependant nul de ces projets où les finances n'entrent de quelque côté. Ce n'est pas assez dire : il n'y a pas un de ces projets qui n'en dépende absolument et essentiellement, car ce qui est grand et beau quand nous le pouvons, devient chimérique et ridicule quand nous ne le pouvons pas. Songez donc, je vous prie, comment un roi pourra gouverner et n'être pas gouverné, dont les meilleures pensées et les plus nobles, à cause qu'il ignore ce détail de ses finances, seront soumises au caprice du premier ministre, ou du surintendant, ou du trésorier de l'épargne, ou de ce commis obscur et inconnu, qu'il sera obligé de consulter comme autant d'oracles, en telle sorte qu'il ne puisse rien entreprendre sans s'expliquer à eux, qu'avec leur permission, et sous leur bon plaisir.

Mais on peut trouver, vous dira-t-on, des gens fidèles et sages qui, sans pénétrer dans vos desseins, ne vous tromperont point sur ce détail des finances toutes les fois que vous voudrez le savoir. Je veux, mon fils, que ces qualités soient aussi communes qu'elles sont rares. Ce n'est rien dire encore : s'ils ont seulement le cœur fait autrement que nous, et ils l'ont toujours ainsi, si leurs vues et leurs inclinations sont différentes des nôtres, ce qui ne manque jamais d'arriver, ils nous tromperont par affection.

Ce sera alors, pour le bien de l'Etat entendu à leur fantaisie, qu'ils s'opposeront secrètement à nos volontés, et nous mettront dans l'impossibilité de rien faire, leurs bonnes intentions produisant le même effet que leur infidélité.

D'ailleurs, mon fils, ne vous y trompez jamais, nous n'avons pas affaire à des anges, mais à des hommes à qui le pouvoir excessif donne presque toujours à la fin quelque tentation d'en user. Dans les affaires du monde, la discussion du détail et le véritable crédit ont une liaison nécessaire et inévitable, et ne se séparent jamais. Nul ne partage votre travail, sans avoir un peu de part à votre puissance. N'en laissez à autrui que ce qu'il vous sera impossible de retenir : car quelque soin que vous puissiez prendre, il vous en échappera toujours beaucoup plus qu'il ne serait à souhaiter.

Il survint bientôt après une occasion en elle-même fâcheuse, mais utile par l'événement, qui fit assez remarquer à mes peuples combien j'étais capable de ce même soin du détail pour ce qui ne regardait que leurs intérêts et leurs avantages. La stérilité de 1661, quoique grande, ne se fit proprement sentir qu'au commencement de l'année 1662, lorsqu'on eut consommé, pour la plus grande partie, les blés des précédentes : mais alors elle affligea tout le royaume au milieu de ses premières prospérités, comme si Dieu qui prend soin de tempérer les biens et les maux eût voulu balancer les grandes et heureuses espérances de l'avenir par une infortune présente. Ceux qui en pareil cas ont accoutumé de profiter de la calamité publique ne manquèrent pas de fermer leurs magasins, se promettant dans les suites une plus grande cherté, et par conséquent un gain plus considérable.

On peut s'imaginer cependant, mon fils, quels effets produisaient dans le royaume les marchés vides de toutes sortes de grains, les laboureurs contraints de quitter le travail des terres pour aller chercher ailleurs la subsistanec dont ils étaient pressés, ce qui faisait même appréhender que le malheur de cette année ne passât aux suivantes : les artisans qui enchérissaient leurs ouvrages à proportion de ce qu'il leur fallait pour vivre ; les pauvres faisant entendre partout leurs plaintes et leurs murmures ; les familles médiocres qui retenaient leurs charités ordinaires par la crainte d'un besoin prochain ; les plus opulents chargés de leurs domestiques, et ne pouvant suffire à tout ; tous les ordres de l'Etat enfin menacés des grandes maladies que la mauvaise nourriture mène après elle, et qui, commençant par le peuple, s'étendent ensuite aux personnes de la plus haute qualité : tout cela ensemble causait par toute la France une désolation qu'il est difficile d'exprimer.

Elle eût été sans comparaison plus grande, mon fils, si je me fusse contenté de m'en affliger inutilement, ou si je me fusse reposé des remèdes qu'on y pouvait apporter, sur les magistrats ordinaires qui ne se rencontrent que trop souvent faibles et malhabiles, ou peu zélés ou même corrompus. J'entrai moi-même en une connaissance très particulière et très exacte du besoin des peuples et de l'état des choses. J'obligeai les provinces les plus abondantes à secourir les autres, les particuliers à ouvrir leurs magasins, et à exposer leurs denrées à un prix équitable. J'envoyai en diligence mes ordres de tous côtés, pour faire venir par mer, de Dantzig et des autres pays étrangers, le plus de blés qu'il me fut possible ; je les fis acheter de mon épargne ; j'en distribuai gratuitement la plus grande partie au petit peuple des meilleures villes, comme Paris, Rouen, Tours et autres ; je fis vendre le reste à ceux qui pouvaient en acheter ; mais j'y mis un prix très modique, et dont le profit, s'il y en avait, était employé aussitôt au soulagement des pauvres, qui tiraient des plus riches, par ce moyen, un secours volontaire, naturel et insensible. A la campagne, où les distributions de blé n'auraient pu se faire si promptement, je les fis en argent, dont chacun tâchait ensuite de soulager sa nécessité. Je parus enfin à tous mes sujets comme un véritable père de famille qui fait la provision de sa maison, et partage avec équité les aliments à ses enfants et à ses domestiques.

Je n'ai jamais trouvé de dépense mieux employée que celle-là. Car nos sujets, mon fils, sont nos véritables richesses et les seules que nous conservons proprement pour les conserver, toutes les autres n'étant bonnes à rien, que quand nous savons l'art d'en user, c'est-à-dire de nous en défaire à propos. Que si Dieu me fait la grâce d'exécuter tout ce que j'ai dans l'esprit, je tâcherai de porter la félicité de mon règne jusqu'à faire en sorte, non pas à la vérité qu'il n'y ait plus ni pauvre ni riche, car la fortune, l'industrie et l'esprit laisseront éternellement cette distinction entre les hommes, mais au moins qu'on ne voie plus dans tout le royaume ni indigence, ni mendicité, je veux dire personne, quelque misérable qu'elle puisse être, qui ne soit assurée de sa subsistance, ou par son travail ou par un secours ordinaire et réglé.

Mais sans aller plus avant, je reçus à l'instant même une grande et ample récompense de mes soins, par le redoublement d'affection qu'ils produisirent pour moi dans l'esprit des peuples. Et c'est de cette sorte, mon fils, que nous pouvons quelquefois changer heureusement en biens les plus grands maux de l'Etat. Car si quelque chose peut resserrer le nœud sacré qui attache les sujets à leur souverain, et réveiller dans leur cœur les sentiments de respect, de reconnaissance et d'amour qu'ils ont naturellement pour lui, c'est sans doute le secours qu'ils en reçoivent dans quelque malheur public et non attendu. A peine remarquons-nous l'ordre admirable du monde, et le cours si réglé et si utile du soleil, jusqu'à ce que quelque dérèglement des saisons, ou quelque désordre apparent dans la machine, nous y fasse faire un peu plus de réflexions. Tant que tout prospère dans un état, on peut oublier les biens infinis que produit la royauté, et envier seulement ceux qu'elle possède : l'homme naturellement ambitieux et orgueilleux ne trouve jamais en lui-même pourquoi un autre lui doit commander, jusqu'à ce que son besoin propre le lui fasse sentir.

Ce besoin même, aussitôt qu'il a un remède constant et réglé, la coutume le lui rend insensible. Ce sont les accidents extraordinaires qui lui font considérer ce qu'il en retire ordinairement d'utilité, et que, sans le commandement, il serait lui-même la proie du plus fort, il ne trouverait dans le monde ni justice, ni raison, ni assurance pour ce qu'il possède, ni ressource pour ce qu'il avait perdu : et c'est par là qu'il vient à aimer l'obéissance, autant qu'il aime sa propre vie et sa propre tranquillité.

J'eus encore, presque en même temps, diverses occasions de témoigner mon affection à mes peuples. La chambre de justice, ayant reconnu qu'il s'était aliéné un million de rentes sur les tailles dont je n'avais point touché le prix, en ordonna la suppression à mon profit ; mais je commandai aussitôt que le fonds qui s'en devait lever fût diminué sur le brevet de la taille, sans en tirer nul avantage que celui de mes sujets.

La même raison m'empêcha de considérer, en une autre chose de cette nature, l'intérêt des rentiers contre celui de toute la France. Le droit commun permet à chaque particulier de racheter les rentes constituées, en rendant le véritable prix qu'il en a reçu, et imputant sur ce prix principal ce qu'il a payé d'arrérages au-delà de l'intérêt légitime. La chambre de justice jugea que je ne devais être de pire considération pour les rentes constituées en mon nom sur l'Hôtel de Ville de Paris. Les particuliers qui les avaient acquises à vil prix et en avaient joui longtemps ne trouvèrent pas leur compte à cette imputation, par où leur remboursement était réduit à peu de chose ; mais je ne crus pas devoir manquer une occasion si juste et si favorable d'acquitter facilement mes peuples plutôt que moi de quatre millions de rente annuelle qu'il eût fallu lever sur eux.

L'excès des impositions, durant la guerre et ma minorité, avaient réduit presque toutes les communautés et toutes les villes de mon royaume à emprunter de grandes sommes, premièrement en engageant les droits d'octroi, leurs deniers et autres revenus publics, puis sur le crédit des principaux habitants qui s'obligeaient solidairement pour les autres. Les intérêts qui s'accumulaient incessamment les mettaient presque hors d'état d'y pouvoir jamais satisfaire de leur propre fonds. Les plus riches, poursuivis vivement pour ces dettes communes, devenaient plus misérables que les autres, forcés d'abandonner leurs héritages, la culture des terres et le commerce des choses les plus nécessaires à la vie, par les saisies continuelles que l'on faisait sur eux, et par la crainte de la prison. Le comble du mal était que les consuls et autres administrateurs se servaient du prétexte de ces dettes pour dissiper les deniers publics. Je délivrai les communautés de cette misère, en nommant des commissaires pour liquider leurs dettes, et pour en régler le payement suivant que l'état des choses pourrait le permettre, et ordonnant qu'il serait fait par mes propres receveurs.

Il me fut aisé de voir aussi que mes peuples répondaient à mon affection et dans les provinces les plus éloignées comme dans les plus proches. La taille qui, jusque-là, était à peine levée en deux ou trois ans, se leva dès lors en quatorze ou quinze mois, en partie à la vérité parce que les charges étant moindres devenaient plus aisées à porter, mais aussi principalement par la bonne volonté de ceux qui les portaient, qui, se voyant soulagés, faisaient gaîment et sans chagrin, tout ce qu'ils pouvaient faire.

Les pays d'Etat qui, en matière d'impositions, s'étaient autrefois estimés comme indépendants, commencèrent à ne plus se servir de leur liberté que pour me rendre leur soumission plus agréable.

Déjà les Etats de Bretagne, l'année précédente, 1661, avaient accordé à mes commissaires, sans délibérer et sur le théâtre même, tout ce qui leur avait été demandé de ma part, prêts à aller plus loin pour peu que j'eusse témoigné le souhaiter. Mais j'étais à Nantes, et on pouvait croire que ma présence seule avait produit cet effet. Les Etats de Languedoc, qui se tenaient à deux cents lieues de moi au commencement de cette année 1662, suivirent un changement si avantageux pour moi, en m'accordant sans difficultés, comme ils faisaient auparavant, et sans rien retrancher, la somme demandée.

L'usage avait été jusqu'alors non seulement de leur demander de grandes sommes pour en obtenir de médiocres, mais aussi de souffrir qu'ils missent tout en condition, de leur tout promettre, d'éluder bientôt après sous différents prétextes tout ce qu'on leur avait promis, de faire même un grand nombre d'édits sans autre dessein que de leur en accorder, ou plutôt de leur en vendre la révocation bientôt après. Je trouvai en cette méthode peu de dignité pour le souverain et peu d'agément pour les sujets. J'en pris une toute contraire que j'ai toujours suivie depuis, qui fut de leur demander précisément ce que j'avais dessein d'obtenir, de promettre peu, de tenir exactement ce que j'avais promis, de ne recevoir presque jamais de condition, mais de passer leur attente quand, par la voie des supplications, ils se confiaient à ma justice et à ma bonté (18).

De bonnes finances font de la bonne politique, devait dire cinquante ans plus tard un ministre de la monarchie. Ce principe est déjà vivant dans l'esprit du Roi.

On ne part pas en guerre sans savoir ce qu'on pourra dépenser. En 1666, Louis XIV le note dans ses Mémoires et cite un exemple. Remarquons au passage, la démarche de sa réflexion. Il pose les principes, puis l'éclaire d'un fait. Le bon sens est, chez lui, non seulement robuste, mais éminemment pratique :

> Je savais jusqu'à quelles sommes par an on avait monté la plus forte dépense de la guerre. Je ne trouvai pas impossible de porter mon revenu jusque-là, et même par la seule économie dont je voyais tous les jours de si grands effets. Et je regardais comme une grande félicité pour moi d'établir à tel point celle de mes peuples, que la guerre même, si elle revenait, ne fût presque plus capable de la troubler, qu'ils ne fussent plus du moins exposés aux affaires extraordinaires, accompagnées de tant de vexations pour eux, ni obligés, comme autrefois, à gémir au-dedans des prospérités du dehors, où ils ne trouvaient qu'un vain honneur acquis par une véritable misère.
>
> Mais je passais encore plus avant, mon fils. Car, en supposant, comme il est arrivé depuis, que je porterais bientôt mon revenu jusqu'à cette somme que je m'étais fixée, suffisante pour soutenir la plus grande guerre sans crédit et sans secours extraordinaires, je résolus en moi-même de ne plus rien ajouter à ce revenu, mais de diminuer chaque année des impositions ordinaires, au profit de mes sujets, ce que j'aurais augmenté d'un autre côté à mes finances ou par la paix et par l'économie, ou par le rachat de mes anciens domaines, ou par d'autres voies justes et légitimes : en sorte qu'on n'eût

jamais vu, s'il était possible, ni le prince plus riche, ni les peuples moins chargés.

Dans ces mêmes pensées, deux choses me paraissaient très nécessaires à leur soulagement. L'une était de diminuer dans les provinces le nombre de ceux qui étaient exempts de tailles et qui rejetaient par ce moyen tout le fardeau sur les plus misérables. De celle-là, j'en venais à bout en supprimant et remboursant tous les jours quantités de petits offices nouveaux et très utiles, à qui cette exemption avait été attribuée durant la guerre pour les débiter.

L'autre était d'examiner de plus près les exemptions que certains pays particuliers prétendaient dans mon royaume, et dont ils étaient en possession, moins par aucun titre ou par aucun service considérable, que par la facilité des rois nos prédécesseurs, ou par la faiblesse de leurs ministres.

Le Boulonnais était de ce nombre. Les peuples y sont aguerris depuis la guerre des Anglais, et ont même une espèce de milice dispersée dans les divers lieux du gouvernement, qui est assez exercée, et se rassemble facilement au besoin. Sous ce prétexte, ils se tenaient exempts depuis longtemps de contribuer en aucune sorte à la taille. Je voulus y faire imposer une très petite somme, seulement pour leur faire connaître que j'en avais le pouvoir et le droit. Cela produisit d'abord un mauvais effet ; mais l'usage que j'en fis, quoiqu'avec peine et avec douleur, l'a rendu bon pour les suites. Le bas peuple, ou effrayé d'une chose qui lui paraissait nouvelle, ou secrètement excité par la noblesse, s'émut séditieusement contre mes ordres. Les remontrances et la douceur de ceux à qui j'en avais confié l'exécution, étant prises pour timidité et pour faiblesse, augmentèrent le tumulte au lieu de l'apaiser. Les mutins se rassemblèrent en divers lieux jusqu'au nombre de six mille hommes : leur fureur ne pouvait plus être dissimulée. J'y envoyai des troupes pour la châtier ; ils se dispersèrent pour la plus grande partie. Je pardonnai sans peine à tous ceux dont la retraite témoignait le repentir. Quelques-uns, plus obstinés dans leurs fautes, furent pris les armes à la main et abandonnés à la justice. Leur crime méritait la mort. Je fis en sorte que la plupart fussent seulement condamnés aux galères, et je les aurais même exemptés de ce supplice, si je n'eusse cru devoir suivre en cette rencontre ma raison plutôt que mon inclination.

Outre ces sortes de dépenses et les autres dont je vous ai parlé touchant les armements de terre et de mer, j'étais encore obligé d'en faire plusieurs autres plus secrètes dans les négociations que j'entretenais avec les étrangers. Il y avait chez les Hollandais plusieurs députés auxquels je faisais payer des pensions. J'en donnais aussi de considérables à plusieurs seigneurs de Pologne pour disposer de leurs voix dans l'élection qui se méditait. J'entretenais des pensionnaires en Irlande pour y faire soulever les catholiques contre les Anglais. Et j'entrais en traité avec certains transfuges d'Angleterre, auxquels je promettais de fournir des sommes notables pour faire revivre les restes de la faction de Cromwell. J'avais fourni cent mille écus au roi de Danemark pour le faire entrer dans la ligue contre le roi de la Grande-Bretagne ; et depuis je fis donner un collier de prix à la Reine sa femme. J'en fis porter un autre à l'électrice de Brandebourg et fis faire un présent considérable à la reine de Suède, ne doutant pas que ces princesses, outre les intérêts généraux de leurs états, ne se tinssent honorées en leur particulier du soin que je prenais de rechercher leur amitié. Sachant quel crédit avait en Suède le chancelier, et combien le prince d'Anhalt et le comte de Schwerin étaient puissants chez l'électeur de Brandebourg, je les voulus gagner par ma libéralité.

Car, enfin, comme d'une part je travaillais continuellement à retrancher jusqu'aux moindres dépenses superflues, ainsi que je fis cette année en modérant la paye des soldats, en supprimant la plupart des commissaires de guerre, en sursoyant mes bâtiments, d'autre part aussi je n'épargnais aucune somme pour les choses importantes et principalement pour augmenter le nombre de mes amis ou pour diminuer celui de mes ennemis, dans la vue des importants desseins que je méditais continuellement.

Et en effet, mon fils, s'il est utile au prince de savoir ménager ses deniers quand l'état paisible de ses affaires lui en laisse la liberté, il n'est pas moins important qu'il sache les dépenser, même avec quelque sorte de profusion, quand le besoin de son état le désire ou que la fortune lui présente quelque occasion singulière de s'élever au-dessus de ses pareils.

Les souverains que le ciel a fait dépositaires de la fortune publique font assurément contre leurs devoirs quand ils dissipent la substance de leurs sujets en des dépenses inutiles, mais ils font peut-être un plus grand mal encore, quand, par un ménage hors de propos, ils refusent de débourser ce qui peut servir à la gloire de leur nation ou à la défense de leurs provinces.

Il arrive souvent que des sommes médiocres dépensées dans leur temps et avec jugement épargnent aux Etats et des dépenses et des pertes incomparablement plus grandes. Faute d'un suffrage que l'on pouvait acquérir à bon marché, il faut quelquefois lever de grosses armées. Un voisin, qu'avec peu de dépense nous aurions pu faire notre ami, nous coûte quelquefois bien cher quand il devient notre ennemi. Les moindres troupes ennemies qui peuvent entrer dans nos Etats nous enlèvent en un mois plus qu'il n'eût été besoin pour entretenir dix ans d'intelligences. Et les imprudents ménagers qui ne comprennent pas ces maximes, trouvent enfin tôt ou tard la punition de leur avare procédé, dans leurs provinces désolées, dans la cessation de leurs revenus, dans l'abandonnement de leurs alliés, et dans le mépris de leurs peuples.

Pourquoi faire difficulté de débourser l'argent dans les nécessités publiques, puisque ce n'est que pour satisfaire à ces besoins que nous avons le droit d'en lever ? Aimer l'argent pour l'amour de lui-même est une passion dont les belles âmes ne sont pas capables ; elles ne le considèrent jamais comme l'objet de leurs désirs, mais seulement comme un moyen nécessaire à l'exécution de leurs desseins. Le sage prince et le particulier avare sont absolument opposés dans leur conduite : le riche avare cherche toujours l'argent avec avidité, le reçoit avec un plaisir extrême, l'épargne sans discernement, le garde avec inquiétude, et n'en peut débourser la moindre partie sans un insupportable chagrin ; au lieu que le prince vertueux n'impose qu'avec retenue, n'exige qu'avec compassion, ne ménage que par devoir, ne réserve que par prudence et ne dépense jamais sans un contentement tout particulier, parce qu'il ne le fait que pour augmenter sa gloire, pour agrandir son Etat ou pour faire du bien à ses sujets.

Outre les cent mille écus que j'avais déjà fournis pour l'accommodement du roi de Danemark, les Hollandais me voulaient encore obliger à donner à ce prince une nouvelle somme. Et le sujet de cette demande était que l'on désirait qu'il fît passer ses vaisseaux dans la Manche pour se joindre à nos flottes, de quoi il se défendait en disant qu'il n'était par notre traité de tenir ses vaisseaux que dans la mer Baltique, afin d'en défendre le commerce à nos ennemis, et que néanmoins si l'on voulait lui payer tous les frais qu'il serait obligé de faire pour ce passage, il contribuerait volontiers en cela au bien de la cause commune.

Mais sur cette proposition, je répondis qu'après les grandes sommes que j'avais déjà déboursées pour les Etats de Hollande, soit dans les armements de terre et de mer que j'avais faits pour leur défense, soit même à l'égard du roi de Danemark, je ne croyais pas devoir charger mes sujets d'une plus grande dépense (18).

LE ROI ET LA GUERRE

VOLTAIRE assure que Louis XV conserva toujours écrits au chevet de son lit, les derniers mots de son aïeul. « J'ai trop aimé la guerre... » On s'est beaucoup servi de cet aveu dont l'authenticité ne semble pas faire de doute. C'est la parole d'un mourant qui reste obsédé par des images funestes bien plus que par les raisons réelles qu'il eut de porter la guerre à l'étranger ou de la mener sur son territoire pour défendre les libertés de son peuple. Malgré cette déclaration, il est permis de penser que Louis XIV n'aima pas la guerre, la guerre en soi, mais qu'il aima l'armée d'un amour jaloux, n'eut de cesse qu'il fortifiât sa discipline intérieure, sa tenue, ses équipements et son entraînement au combat. Il ne détestait pas entrer dans les plus petits détails, et, en campagne, veillait en personne à poster les sentinelles d'un camp, au ravitaillement et à l'hygiène des troupes.

> Dès la fin de l'année dernière (1665), écrit-il dans ses Mémoires, j'avais projeté de faire deux cents cornettes de cavalerie, dont je ne délivrai pourtant mes commissions que pour six-vingts, depuis que je fus borné à la seule guerre d'Angleterre. J'avais aussi incorporé deux cents compagnies nouvelles d'infanterie dans les anciens régiments, afin que, se conformant insensiblement aux autres, le nombre de mes gens s'augmentât sans que la discipline s'affaiblît, car déjà j'étais persuadé que toute l'infanterie française n'avait pas été fort bonne jusqu'ici. Et pour la rendre meilleure, je fis tomber une partie des charges de colonels entre les mains des jeunes gens de ma Cour, à qui le désir de me plaire et l'émulation qu'ils avaient l'un pour l'autre pouvaient, ce me semblait, donner plus d'application.
>
> Et pour ôter aux divers corps toute sorte de différends et de jalousie, je réglai premièrement les contestations qui étaient entre eux pour le rang, ce que l'on n'avait encore osé faire, et ensuite je résolus que chacun des régiments d'infanterie aurait vingt-quatre compagnies dans le service, pendant que les autres demeureraient dans les garnisons pour en être tirées chacune à son tour (18).

Jusqu'à Louis XIV, le désordre le plus complet avait régné dans le recrutement, l'encadrement et l'entraînement de l'armée. La guerre finie, on renvoyait tout le monde dans ses foyers. Le Roi mit sur pied des écoles de cadres. Des officiers permanents furent chargés de maintenir en haleine sous-officiers et employés des arsenaux pour qu'en cas de danger, une mobilisation immédiate permît de mettre sur pied une armée bien articulée et approvisionnée :

Il y avait longtemps que je prenais soin d'exercer les troupes de ma maison, et ce fut de là que je tirai presque tous les officiers des nouvelles compagnies que je levai, afin qu'ils y portassent la même discipline à laquelle ils étaient accoutumés ; et je remplis les places vacantes d'autres cavaliers choisis dans les vieux corps, ou de quelques jeunes gentilshommes qui ne pouvaient être instruits en meilleure école.

Cependant, je faisais très souvent des revues, tant des nouvelles troupes, pour voir si elles étaient complètes, que des anciennes, pour reconnaître si elles n'étaient point affaiblies par les nouvelles levées. Car, je ne recommandais rien tant aux capitaines, à qui je délivrais mes commissions, que de prendre tous soldats nouveaux, parce qu'autrement c'eût été grossir le nombre des compagnies et la dépense de leur entretien sans augmenter le nombre des gens de guerre.

Mais pour prendre contre ce désordre une plus forte précaution et faire que mes troupes demeurassent toujours complètes, j'ordonnai que l'on m'envoyât de mois en mois les rôles des montres de tous les corps que je payais, quelque éloignés qu'ils pussent être, et pour connaître si j'étais en cela fidèlement servi, j'envoyai exprès des gentilshommes de toutes parts, pour surprendre et voir inopinément les troupes, ce qui tenait et les capitaines et les commissaires dans une continuelle obligation de faire leur devoir.

Mais afin que ni les uns ni les autres n'eussent plus

lieu de s'excuser sur la désertion des soldats, qui était en effet un mal très ruineux pour les troupes, je me résolus d'y apporter des remèdes plus effectifs que ceux dont on s'était servi jusque-là ; et après avoir pris l'avis des gens les plus savants dans la guerre, je fis une ordonnance dont le fruit s'est fait connaître dans la suite du temps.

Je voulus aussi retrancher tous les sujets de contestation qui avaient si souvent causé du désordre dans nos troupes ; et sans m'étonner de toutes ces différentes prétentions que chacun des corps portait avec tant de chaleur que personne n'avait encore osé en décider, je réglai tous leurs rangs avec autant d'équité que je pus, et soutins si bien mon règlement par mon autorité que personne n'osa le contredire.

Pour égaler entre tous les régiments d'infanterie et la fatigue et l'honneur du service en toutes choses, je résolus que si la guerre de mer continuait, chacun servirait à son tour sur les vaisseaux ; et afin d'augmenter dans les matelots l'affection qu'ils témoignaient avoir pour mon service, je décidai en leur faveur une contestation qu'ils avaient avec les capitaines de vaisseaux pour leur solde, laquelle jusque-là ne leur avait pas toujours été fidèlement payée.

De ma part, je retranchais la plupart des dépenses que j'avais coutume de faire pour mon plaisir, mettant ma principale satisfaction à tenir mes gens en bon ordre.

Je ne pus m'empêcher d'augmenter à diverses fois les compagnies de mes gardes du corps, à cause du grand nombre des gens de qualité ou de service qui s'empressaient continuellement pour y avoir place. Mais enfin je les fixai à huit cents maîtres, tous anciens soldats ou officiers réformés, à la réserve de vingt jeunes gentilshommes que je laissai par compagnie pour y apprendre leur métier.

L'empressement de me servir était si grand que ma plus grande peine en toutes les occasions qui s'offraient de faire quelque chose, était de retenir ceux qui se présentaient, comme il parut lorsque je voulus jeter du monde sur mes vaisseaux de Dieppe. Car, outre les gens commandés, il se présenta un si grand nombre de volontaires que je fus obligé de les refuser tous, et même d'en châtier quelques-uns de la première qualité, qui, sachant qu'ils seraient refusés, se mirent en chemin sans m'en demander congé.

J'entretenais une discipline si exacte dans mes troupes, qu'en ayant envoyé en divers temps chez mes alliés, en Italie, en Hongrie et en Hollande, elles ne donnèrent jamais le moindre sujet de plainte quoiqu'elles eussent eu quelquefois d'assez grands sujets de mécontentement. Aussi avais-je soin de les faire payer partout exactement par un trésorier que je tenais à leur suite, et même en Hollande j'augmentai leur paye ordinaire parce que je sus que les vivres y étaient plus chers qu'ailleurs.

Et toutes les fois que j'assemblais des troupes au-dedans de mon royaume, j'avais soin d'envoyer des commissaires qui faisaient sur le lieu des provisions de toutes les choses nécessaires à leur subsistance, au prix qu'elles avaient coutume de s'acheter, et les vendaient après aux soldats sur un pied proportionné à leur paye, afin qu'ils eussent toujours de quoi vivre sans être à charge aux paysans.

J'avais tant de considération sur ce point, qu'allant en Picardie au mois de mars pour y faire une grande revue, je ne voulus pas loger à Compiègne, qui était le lieu le plus proche et le plus commode pour moi et pour ma maison, parce que c'était une ville capable de loger une bonne partie de mon infanterie qui sans cela se fût trouvée dans des villages où l'on eût eu plus de peine à la faire vivre régulièrement.

Comme l'ustensile (le prêt) était un des principaux sujets de querelle entre l'hôte et le soldat, ce fut une des choses que je pris plus de soin de régler, fixant celle des fantassins à un sol, celle des cavaliers à trois, dont un tiers seulement était payé par l'hôte, un autre par le corps de la ville, et le dernier par le général de l'élection. Et, en cas que, sur l'exécution de ces règlements, il arrivât quelque contravention ou quelque dispute, j'ordonnai aux commissaires et aux intendants de les régler sans aucune préférence entre l'habitant et le soldat. Et moi-même ayant appris qu'un capitaine d'Auvergne avait pris trois cents livres des habitants de Rethel pour les exempter d'un séjour, je le cassai sans vouloir entendre mille personnes de qualité qui m'importunèrent pour lui (18).

L'organisateur de cette armée moderne au XVIIe siècle, ne craignait pas de s'abaisser aux plus petits détails. Il semble prendre un plaisir extrême à raffiner sur l'élaboration d'un règlement précis et cérémonieux comme nous pouvons le voir dans ces deux instructions sur la manière de camper et de saluer :

Si on campe sur une ligne, il faut mettre les Gardes, tant cavalerie qu'infanterie, le plus près de mon quartier.

S'il est dans le milieu, on pourra mettre la brigade de Navarre à droite des Gardes, et celle du Roi à gauche. Le reste de celle du Roi se mettra où l'on jugera à propos ; celle de Lyonnais aussi.

Si mon quartier est à une des ailes, il faudra mettre mes Gardes tant cavalerie qu'infanterie, le plus près, et que Navarre forme l'autre extrémité.

On mêlera cavalerie et infanterie comme ils seront ci-après. S'il n'y a qu'une ligne de troupes, dans le rang qu'ils seront écrits ; s'il y en a deux, on mettra à la première ceux qui seront nommés les premiers, autant qu'il en pourra tenir, et les autres après.

La cavalerie et l'infanterie seront disposées comme on jugera à propos suivant le poste ; mais s'il n'y a rien de particulier, on mettra :

	escadrons	bataillons
Compagnie de Noailles	2	0
Compagnie de Rochefort	2	0

Ou bien deux ou trois escadrons et un bataillon s'il est à propos, dans le même rang (*suit le détail minutieux du dispositif*) (30).

Pour ce qui est des saluts, j'ai déjà dit mes intentions, et pour les expliquer plus clairement, mes compagnies ne doivent saluer que mon fils, les fils et petits-fils de France, les princes du sang, le duc du Maine et le comte de Toulouse, le général de l'armée, s'il est maréchal de France, toutes les fois qu'ils les voient, hors de ma présence ou de celle de mon fils ; et pour le colonel général de la cavalerie, ils ne doivent le saluer que la première fois et la dernière fois qu'ils le voient. Nul autre commandant de cavalerie ne doit être salué (30)...

Comme on l'a vu pour un capitaine d'Auvergne, l'armée n'a pas tous les droits. Loin de là. En France, tout au moins, son rôle est de protéger les frontières de la nation, et non pas de vivre sur le pays en abusant de sa force. Dans une lettre au maréchal de Luxembourg (1691) le Roi devait lui rappeler les limites des réquisitions inévitables :

> On mande de Dunkerque que vous avez demandé deux péniches à l'intendant de marine, qu'il vous a données pour faire voiturer quelque chose. Je ne puis comprendre ce que c'est, n'ayant rien entrepris de ce côté-là. Si elles vous sont inutiles, renvoyez-les au plus tôt, afin qu'elles servent à l'usage auxquelles elles sont destinées (30).
>
> Aux maires et échevins de Saint-Malo,
>
> Chers et bien-aimés, considérant l'établissement d'un collège de marine en notre ville de Saint-Malo comme un moyen qui peut beaucoup contribuer à l'avantage de votre commerce, que nous estimons l'un des plus importants de notre royaume, par l'instruction des matelots et des jeunes gens qui auront l'inclination portée à la marine, à l'hydrographie, à la manœuvre du canon et aux autres choses qui regardent les fonctions des officiers mariniers et des matelots, nous vous faisons cette lettre pour vous dire que nous voulons que vous confériez sur ce sujet avec les commissaires que nous avons nommés pour assister à l'assemblée des Etats de notre province et duché de Bretagne, qui est convoquée pour le présent mois ; auxquels nous avons ordonné de chercher avec vous les expédients pour faire cet établissement, pour l'instruction et multiplication du nombre des matelots, pilotes canonniers et autres

gens propres pour la manœuvre et conduite des vaisseaux. Car tel est notre plaisir (30).

Saint-Germain, 10 septembre 1669.

A M. d'Infreville,
Intendant de marine à Toulon,

Apprenant que quelques-uns des capitaines de mes vaisseaux de guerre ont retranché le déjeuner à leurs équipages et aux troupes d'infanterie qui étaient embarquées sur leur bord, je vous fais cette lettre pour vous dire que mon intention est que vous sachiez du commissaire général Brodart quels capitaines ont fait ce retranchement, et que vous déduisiez sur leur paye ce à quoi peut monter ce repas, pendant tout le temps qu'ils ne l'ont point donné (30).

Chambord, 11 octobre 1669.

Ce beau jouet que se créait le monarque, il fallut souvent le risquer. Le Roi ressentait chaque fois douloureusement les pertes en morts et en blessés dont souffrait son armée :

Ce m'a été un grand déplaisir, écrit-il au comte de Coligny, de voir le rôle que vous m'avez envoyé des morts et des blessés, quoique ce soit une chose qu'il est nécessaire que je sache. Il faut assister les blessés avec des soins extraordinaires, les voir de ma part et leur témoigner que je compatis fort (3)...

Au duc de Beaufort, pendant son expédition en Barbarie, il mandait :

> Ayez grand soin des malades et des blessés. Témoignez-leur le sentiment que j'ai de ce qu'ils souffrent et assurez-les que leurs blessures seront, en tout temps, de puissantes recommandations auprès de moi... Vous pouvez dire aux soldats que, bien loin de les abandonner, j'ai ordonné qu'on leur distribue un sou par jour d'extraordinaire à chacun, outre leur solde, sur laquelle les vivres seront fournis, et que je veux savoir les noms de ceux qui se signaleront. Il faut d'ailleurs les employer aux travaux qu'on fera faire, afin qu'ils gagnent quelque chose, et surtout pourvoir à leur logement, de peur qu'ils ne tombent malades (3)...

Le Roi, avons-nous dit, ne dédaignait pas descendre jusqu'aux détails. Le passage du Rhin (1672) fut entièrement réglé par lui dans un ordre du jour :

> Demain, on détachera cent hommes avec des outils, qui marcheront au petit jour, pour accommoder les chemins, couper les haies et faire ce que celui qui les commandera jugera nécessaire... On marchera à quatre heures, la gendarmerie à la tête, la brigade du comte de Roye après, et les brigades de La Feuillée et Kœnigsmark qui demeureront derrière le bois pour faire des fascines... L'infanterie marchera après et fera halte derrière le bois, au lieu qu'elle ne puisse être en vue de la place assiégée... Le comte de Soissons mènera l'infanterie, le Grand Maître aura soin de l'artillerie. Rochefort marchera avec Genlis à son poste. Le chevalier de Lorraine me suivra. Montal ira devant pour faire accommoder les chemins. Fourille sera auprès de moi (3)...

Précis dans les ordres de marche, il entendait qu'on lui obéît au doigt et à la lettre. Du Quesne, lieutenant général des armées royales, avait trouvé quelques prétextes pour ne pas exécuter sur-le-champ les ordres du Roi. Une missive lui rappela, en termes mesurés et fermes, la complète obéissance exigée de chacun. La discipline fait la force des armées et des Etats.

Versailles, 13 juin 1682.

J'ai appris, par la lettre que vous avez écrite de Ténédos, tout ce qui s'est passé dans votre navigation depuis celle que j'avais reçue de vous du 20 mars, et j'ai vu toutes les raisons que vous prétendez avoir encore d'apporter un aussi long retardement à l'exécution des ordres que je vous avais donnés pour votre retour. Sur quoi, je suis bien aise de vous répéter ce que je vous avais déjà fait savoir à cet égard, que, comme les ordres que je donne sont toujours concertés avec connaissance, je désire qu'on les exécute sans réplique et sans qu'on se donne la liberté de les interpréter et vous ne devez jamais, en ces occasions, vous prévaloir de la confiance que j'ai en votre capacité et en votre expérience, pour vous donner sur ce sujet plus de liberté qu'un autre officier, puisque vous devez donner le même exemple à tous ceux qui servent sous vos ordres, sur cet article d'obéissance prompte et sans réplique, que vous leur donnez sur l'exactitude dans le service.

Après avoir expliqué mes intentions sur ce sujet, je vous dirai que votre retardement a apporté un très grand préjudice à mon service, qu'il faut nécessairement réparer par la diligence avec laquelle vous exécuterez les ordres que vous avez déjà reçus, de repartir de Toulon aussitôt que vous y serez arrivé et j'ai estimé à propos de vous envoyer encore ce courrier exprès pour vous marquer précisément que je ne recevrai aucune raison de votre retardement, que la demande que vous faites de revenir ici n'est pas recevable, et que j'ai même peine à comprendre comment vous avez pu faire cette proposition, qui irait à détruire entièrement tout ce que j'ai pensé de faire exécuter par mes vaisseaux..., puisque, si cette entreprise est retardée plus longtemps que le mois de juillet, elle deviendra entièrement impraticable (19)...

Mais l'art de la guerre est aussi celui de l'improvisation. Le Roi fut servi par de grands capitaines et des stratèges hors pair. Il sut leur laisser la liberté de jugement et d'action qui, seule dans certains cas, permettait la victoire rapide et brillante, en même temps qu'il leur manifestait sa vive satisfaction.

A Monsieur de Pradel,
Lieutenant Général en mes Armées.
Vincennes, le 3 octobre 1664.

Monsieur de Pradel, les deux lettres que j'ai reçues de vous, confirment bien agréablement que c'est une grande satisfaction d'employer des gens comme vous, qui rendent si bon compte de tout. Ne manquez pas de continuer à m'écrire le détail des choses, sans oublier le discours que Monsieur l'Electeur de Mayence vous tiendra à mon égard, ni des sentiments des autres Princes. Je saurai déjà d'ailleurs ce que vous dites des Suédois. Quant aux assurances que le dit Sieur Electeur vous a données de pourvoir aux vivres et à tout le reste, je ne doute point qu'il y satisfasse ; mais vous savez qu'il est toujours bon de voir un peu clair devant soi. Puisque tous les Princes Protestants abandonnent ceux d'Erford, il y a beaucoup d'apparence que le siège sera bien rude, et vous avez grande raison de souhaiter que mes troupes y arrivent au plus tôt. J'ai impatience de savoir en quel état elles seront ; car suivant l'extrait que j'en ai vu, les Régiments de Sully et de Gramont me paraissent faibles ; Champagne et le mien sont assez bons ; mais j'attendrai, pour en mieux juger, ce que vous en penserez ; à quoi je donnerai entière créance. Cependant je prie Dieu, etc.

Louis

P.-S. Il est bon que de temps en temps vous fassiez valoir à M. l'Electeur de Mayence, avec la discrétion nécessaire, l'effet que mon nom et ma considération ont produit en sa faveur auprès des Princes de tout l'Empire, et le soin que j'ai d'assister mes amis et alliés, qui ne consiste pas en des paroles, mais en secours réels et solides, sans y rien épargner ; appuyant l'effort qu'il m'a fallu faire pour lui envoyer un corps comme celui que vous avez, outre les troupes que j'ai eu en Hongrie et en Barbarie (30).

A Monsieur d'Artagnan, commandant ma 1re Cie de mousquetaires.

Paris, le 27 novembre 1665

Monsieur d'Artagnan, j'ai appris qu'il est survenu quelque démêlé entre un de mes Gardes et deux de mes mousquetaires, dont je ne sais la Compagnie ; mais s'il se trouve qu'ils soient de celle que vous commandez, vous devez les faire châtier, et, au surplus, contribuer, autant qu'il dépendra de vous, à ce que ceux de ma maison vivent fort unis entre eux, et inspirer ces sentiments à ceux qui sont sous votre charge... Batines, à qui j'avais envoyé une Compagnie de Chevau-Légers, m'a prié de trouver bon qu'il demeure dans sa charge ; ce que je lui ai accordé. J'ai donné une pareille Compagnie à Dubois son brigadier, ci-devant capitaine dans Grandpré ; mais il ne faut pas qu'il parte que lorsque je vous demanderai de le faire venir ici. Et sur ce, je prie Dieu, etc. (30).

Au maréchal de Turenne

Versailles, le 17 mars 1673.

Quoique j'aie ordonné au marquis de Louvois de vous témoigner de ma part, la satisfaction que j'ai de ce que vous avez fait pour la gloire de mes armes, je suis bien aise de vous dire moi-même ce qui en est, et que je suis très satisfait de toute la conduite que vous avez tenue en cette rencontre. Le succès heureux que nous avons eu depuis quelque temps, vous doit aussi donner beaucoup de joie. Sachant l'amitié que j'ai pour vous, vous croirez aisément que nous la partageons ensemble. Soyez assuré qu'elle durera toujours, et que vous en recevrez des marques en continuant à me servir comme vous le faites (30).

En 1694, les Anglais et les Hollandais projetèrent de se rendre maîtres de Brest. Louis XIV, l'ayant appris, délégua Vauban en Bretagne, lui confiant le soin de mettre sur pied un système de défense et de contre-attaque :

Versailles, le 1er mai 1694.

Le dessein du prince d'Orange est d'essayer, avec les flottes d'Angleterre et de Hollande jointes, de brûler les vaisseaux qui resteront à Brest et de tenter avec un corps de 6 000 à 7 000 hommes de se rendre maître de ladite place ; ce que je ne vois pas bien praticable avec un aussi petit nombre de troupes que celui-là.

L'importance de Brest fait néanmoins que je ne veux pas me reprocher de n'avoir pas contribué de tout ce qui peut dépendre de moi pour essayer d'empêcher les ennemis de réussir dans cette entreprise. Quoiqu'il y ait dans cette place 1 300 hommes de la marine, je ne laisse pas d'y faire marcher 6 bataillons de ceux que j'ai destinés pour la garde des côtes, un régiment de cavalerie et un de dragons.

Je vous ai choisi pour commander les troupes et dans la place. C'est pourquoi je désire qu'après que vous aurez achevé la visite des côtes que vous avez entreprise, au lieu de vous rendre auprès de moi, vous alliez audit Brest pour que vous ayez le temps de bien examiner la place et les lieux où les ennemis pourraient mettre pied à terre et d'où ils pourraient le bombarder afin que vous preniez les précautions que vous croirez nécessaires pour les empêcher de réussir dans les desseins qu'ils pourraient avoir...

Je m'en remets à vous de placer les troupes où vous le jugerez à propos, soit pour empêcher la descente, soit que les ennemis fassent le siège de la place. L'emploi que je vous donne est un des plus considérables par rapport au bien de mon service et de mon royaume. C'est pourquoi je ne doute point que vous ne voyiez avec plaisir que je vous y destine et ne m'y donniez des marques de votre zèle et de votre capacité, comme vous m'en faites en toutes rencontres (19)...

A Monsieur le Marquis de Gaucourt,

Marly, le 25 août 1697

Les heureux succès dont il a plu à Dieu de favoriser mes entreprises pendant le cours de cette guerre ont produit la première ouverture des conférences pour la paix. Les facilités que j'ai apportées à la conclure ont fait espérer à toute l'Europe un retour de la tranquillité publique. Il était nécessaire d'en avancer le rétablissement par les mêmes voies déjà employées à commencer la négociation ; il fallait faire voir à mes ennemis que le zèle de mes sujets, incapable de se ralentir, me rendait encore supérieur à tant de forces réunies contre ma couronne, et leur faire sentir, par des événements extraordinaires, que la nation la plus brave, combattant dans son propre pays, fortifiée par de vaillantes troupes étrangères, ne peut cependant résister au courage et à la valeur de celle qui compose mes armées. Le siège de Barcelone vient de le faire connaître à toute l'Europe. L'armée d'Espagne entière défendant cette ville, la libre communication des troupes enfermées dans les remparts et de celles qui étaient au-dehors, faisaient recevoir aux unes tous les secours et tous les rafraîchissements nécessaires pour soutenir un siège, et donner moyen aux voisins de concerter toutes leurs entreprises avec les assiégés. Elles ont profité de tous ces avantages — la défense en a été telle qu'on la devait attendre de la valeur reconnue de tout temps dans la nation espagnole ; mais elle a seulement prolongé le siège ; et après 51 jours de tranchée ouverte, après la prise de deux bastions attachés au corps de la place, le rempart qui les joignait étant déjà tout ouvert, ceux qui commandaient ont été obligés de préserver, par une capitulation honorable, la ruine d'une des villes les plus florissantes de la monarchie d'Espagne. Ainsi la valeur de mes troupes, les soins infatigables de mon cousin le duc de Vendôme, qui les commande, son expérience, sa capacité et la ponctuelle exécution de mes ordres, ont été les moyens dont il a plu à Dieu de se servir pour soumettre cette importante ville à mon obéissance ; et comme j'ai toujours reconnu que les heureux succès de mon règne étaient dus à la Providence, mon principal soin a été de lui faire les grâces qui lui sont dues (30).

Avec le XVIIIe siècle, les revers, les infortunes s'aggravent. Le pays est épuisé, inquiet, le Roi a perdu son étoile. A la cour, Mme de Maintenon anime, sans peut-être en avoir conscience, le clan des défaitistes. Elle parle d'oraison au moment où il faudrait se raidir et jeter ses dernières forces dans la balance. Le Roi ne l'écoute pas car il a déjà, dans son cœur, jugé celle que Saint-Simon appelle « la vieille fée » et la Palatine « la vieille sorcière ». Le comble est atteint lorsque les coalisés en 1710 exigent que Louis XIV emploie ses propres armes pour détrôner son petit-fils. Les pourparlers sont rompus à Gertruydenberg et le Roi s'adresse au pays :

J'ai soutenu cette guerre avec la hauteur et la fierté qui conviennent à ce royaume ; c'est par la valeur de ma noblesse et le zèle de mes sujets que j'ai réussi dans les entreprises que j'ai faites pour le bien de l'Etat ; j'ai donné tous mes soins et toute mon application pour y parvenir ; je me suis donné les mouvements que j'ai crus nécessaires pour remplir mes devoirs et pour faire connaître l'amitié et la tendresse que j'ai pour mes peuples, en leur procurant par mes travaux une paix qui les mette en repos le reste de mon règne, pour ne penser plus qu'à leur bonheur. Après avoir étendu les limites de cet empire et couvert mes frontières par les importantes places que j'ai prises, j'ai écouté les propositions de paix qui m'ont été faites et j'ai peut-être passé en ce rencontre, les bornes de la sagesse, pour parvenir à un aussi grand ouvrage.

Je puis dire que je suis sorti de mon caractère et que je me suis fait une violence extrême pour procurer promptement le repos à mes sujets aux dépens de ma réputation ou du moins de ma satisfaction particulière, et peut-être de ma gloire que j'ai bien voulu hasarder pour l'avantage de ceux qui me l'ont fait acquérir : j'ai cru leur devoir cette reconnaissance. Mais voyant à cette heure que mes ennemis les plus emportés n'ont voulu que m'amuser, et qu'ils se sont servis de tous les artifices dont ils sont capables pour me tromper, aussi bien que leurs alliés, les obligeant à fournir aux dépenses immenses que demande leur ambition déréglée, je ne vois plus de parti à prendre que celui de songer à nous bien défendre, leur faisant voir que la France bien unie est plus forte que toutes les puissances rassemblées avec tant de peines, par force et par artifice, pour l'accabler. Jusques à cette heure, j'ai mis en usage les moyens extraordinaires dont, en pareilles occasions, on s'est servi pour avoir des sommes proportionnées aux dépenses indispensables, pour soutenir la gloire et la sûreté de l'Etat.

Présentement que toutes les sources sont quasi épuisées, je viens à vous pour demander vos conseils et votre assistance en ce rencontre où il ira de notre salut. Par les efforts que nous ferons, par notre union nos ennemis connaîtront que nous ne sommes pas en l'état qu'ils veulent faire croire, et nous pourrons par le secours que je vous demande, le croyant indispensable, les obliger à faire une paix honorable pour nous, durable pour notre repos et convenable à tous les princes de l'Europe. C'est à quoi je penserai jusques au moment de sa conclusion, même dans le plus fort de la guerre, aussi bien qu'au bonheur et à la félicité de mes peuples, qui a toujours fait et fera jusques au dernier moment de ma vie, ma plus grande et ma plus sérieuse application.

Dans ses Mémoires, le maréchal de Villars nous a laissé le témoignage émouvant de ce que fut sa dernière conversation avec le Roi quelques jours avant Denain qui allait sauver le pays de l'invasion et de la ruine. Rappelons que nous sommes en 1712. Le duc de Bourgogne et la Duchesse, leur fils aîné viennent d'être emportés par de brusques et mystérieuses maladies. Le grand Roi est frappé dans son cœur par ces morts qui ébranlent la monarchie, et il est frappé dans sa chair par l'ennemi qui entend profiter de la faiblesse de la France. L'entrevue est pathétique. Elle se situe à Marly, le

12 juillet c'est-à-dire douze jours avant Denain, le soir vers cinq heures :

« — Il y a peu d'exemple, dit le Roi, de ce qui m'arrive, et que l'on perde dans la même semaine son petit-fils, sa belle-fille et leur fils, tous de très grande espérance et très tendrement aimés. Dieu me punit, je l'ai bien mérité ; j'en souffrirai moins dans l'autre monde. Mais suspendons mes douleurs sur les malheurs domestiques et voyons ce qui se peut faire pour prévenir ceux de l'Etat. La confiance que j'ai en vous est bien marquée puisque je vous remets les forces et le salut du royaume. Je connais votre zèle et la valeur de mes troupes. Mais enfin, la fortune peut vous être contraire. S'il arrivait un malheur à l'armée que vous commandez, quel serait votre sentiment sur le parti que j'aurais à prendre sur ma personne ? »

Le Maréchal étant resté silencieux un long moment, tant la réponse à apporter au Roi lui semblait lourde de conséquences, ce dernier reprit :

« — Je ne suis pas étonné que vous ne répondiez pas bien promptement. Mais en attendant que vous me disiez votre pensée, je vous apprendrai la mienne.

— Votre Majesté me soulage beaucoup. La matière mérite délibération, et il n'est pas étonnant que l'on demande la permission d'y rêver.

— Eh bien, voici ce que je pense. Vous me direz après votre sentiment. Je sais trop tous les raisonnements des courtisans ; presque tous veulent que je me retire à Blois, et que je n'attende pas que l'armée ennemie s'approche de Paris. Ce qui lui serait possible si la mienne était battue. Pour moi, je sais que des armées si considérables ne sont jamais assez défaites pour que la plus grande partie de la mienne ne pût se retirer sur la Somme. Je connais cette rivière, elle est très difficile à passer ; il y a des places et je compterais de me rendre à Péronne ou à Saint-Quentin, d'y ramasser tout ce que j'aurais de troupes, de faire un dernier effort avec vous, et de périr ensemble ou de sauver l'Etat, car je ne consentirais jamais à laisser approcher l'ennemi de ma capitale. Voilà comme je raisonne : dites-moi présentement votre avis.

— Certainement, répondit le Maréchal, Votre Majesté m'a bien soulagé, car un bon serviteur a quelque peine à conseiller au plus grand roi du monde de venir exposer sa personne. Cependant j'avoue, Sire, que connaissant l'ardeur de Votre Majesté pour la gloire, j'aurais pris la liberté de lui dire que les partis les plus glorieux sont aussi les plus sages, et que je n'en vois pas de plus nobles pour un roi aussi grand homme que grand roi, que celui auquel Votre Majesté est disposée. Mais j'espère que Dieu nous fera la grâce de n'avoir pas à craindre de telles extrémités et qu'il bénira enfin la piété, la Justice et toutes les vertus qui règnent dans toutes vos actions.

— Eh bien donc ! si la bataille est perdue, vous l'écrirez à moi seul. Je monterai à cheval ; je passerai par Paris votre lettre à la main ; je connais les Français ; je vous mènerai 200 000 hommes, et je m'ensevelirai avec vous sous les ruines de la monarchie (20). »

Nous sommes loin du ton conquérant des débuts. La guerre a engendré la guerre. Louis XIV s'est trouvé en face d'ennemis acharnés dont le fameux Guillaume d'Orange. Toute l'Europe qui tente de sortir du chaos panse ses blessures. Et puis le Roi est vieux, son prestige atteint. L'armée est réduite à ses seuls moyens. Elle n'est plus, comme aux temps glorieux, l'attraction de tous les mercenaires étrangers qui venaient se ranger sous sa bannière : Hongrois, Irlandais, Helvètes, Italiens... qui faisaient dire au Roi que l'on complimentait sur les succès de l'armée française. « Dites plutôt l'armée de France (21). » Louis XIV est en droit de se faire quelques reproches amers. Il n'a pas toujours su s'arrêter à temps dans ses succès, il n'a pas toujours consolidé et agrandi le royaume en se servant de l'excellente méthode qui lui a permis d'acquérir la Lorraine sans verser une goutte de sang. Peut-être, au soir de la vie, se souvint-il d'un sermon entendu à dix ans (1648) sur son aïeul Saint Louis. L'orateur sacré n'était autre que le cardinal de Retz. A l'église Saint-Louis des Pères Jésuites, le Cardinal s'était adressé à l'enfant-roi, en ces termes : « Saint Louis a sanctifié les armes en tempérant leur violence par les lois de la discipline chrétienne. Ainsi tout tourne en bien à ceux qui aiment Dieu, diligentibus Deum omnia cooperantur in bonum. Ainsi la guerre même entre en part de la sainteté de Saint Louis. Ainsi les rois se sauvent en donnant des batailles, pourvu que ces batailles se donnent pour la conservation ou pour le repos de leurs sujets ; et Saint Louis sans doute a plus mérité par les ordres qu'il a donnés à la tête de son armée, qu'il n'eût pu le faire par les prières et par la retraite de son cabinet (22). »

Quelle impression profonde a pu faire sur un enfant

ce discours où un homme de Dieu sanctifie la guerre ? Il est permis d'en rêver. Et même si l'enfant ne comprit pas tout le sens de cette morale hardie et pénétrée de réalités, il est certain que c'est en ce sens que fut dirigée son éducation de Roi. Vieillard, Louis XIV pouvait se répéter l'exhortation du cardinal de Retz. Il n'avait jamais pensé autrement de la guerre. Mais le destin avait jugé qu'à ce jeu la part du malheur serait plus grande que la part du bonheur.

LE ROI ET L'ÉGLISE

« Il sut s'humilier en secret sous la main de Dieu, en reconnaître la justice, en implorer la miséricorde, sans avilir aux yeux des hommes sa personne, ni sa couronne... », écrit Saint-Simon (15) faisant admirablement le partage entre le croyant sincère et le monarque conscient de ses responsabilités. A son avènement, le Roi avait tout de suite jugé l'état d'anarchie latente dans laquelle se trouvait l'Eglise de France :

> L'Eglise, sans compter ses maux ordinaires, après de longues disputes sur des matières de l'école, dont on avouait que la connaissance n'était nécessaire à personne pour le salut, les différends s'augmentant chaque jour avec la chaleur et l'opiniâtreté des esprits, et se mêlant sans cesse de nouveaux intérêts humains, l'Eglise était enfin ouvertement menacée d'un schisme par des gens d'autant plus dangereux

> qu'ils pouvaient être très utiles et d'un grand mérite s'ils en eussent été eux-mêmes moins persuadés. Il ne s'agissait plus seulement de quelques docteurs particuliers et cachés, mais d'évêques établis dans leurs sièges, capables d'entraîner la multitude après eux, de beaucoup de réputation, d'une piété digne, en effet, d'être révérée tant qu'elle serait suivie de soumissions aux sentiments de l'Eglise, de douceur de modération et de charité. Le cardinal de Retz, archevêque de Paris, que des raisons d'Etat très connues m'empêchaient alors de souffrir dans le royaume, ou par inclination ou par intérêt, favorisait toute cette secte naissante et en était favorisé (18).

Quelle pouvait être l'attitude d'un roi naturellement pieux devant ce désordre ? De toute sa vie, Louis XIV ne manqua que deux ou trois fois au plus sa messe quotidienne. Au soir du règne, c'est un roi dévot que fait de lui Mme de Maintenon. Sa science théologique est maigre. Il ne lui en faut pas plus pour prendre violemment parti contre les jansénistes et les réformés. Le Roi veut de l'ordre dans la religion comme dans les finances ou l'administration. A l'extérieur, il doit aussi se défendre contre les ingérences de Rome. Certes, il garde du respect pour le Pape comme en témoigne cette lettre du 1er novembre 1661 :

> Très Saint Père, après avoir élevé mon cœur à Dieu pour lui rendre grâce de la naissance d'un Dauphin qu'il vient d'accorder à mes vœux et à ceux de toute la France, je n'ai pas voulu différer un moment à faire savoir cette heureuse nouvelle à Votre Sainteté. Et ne doutant point de la joie

qu'Elle aura de voir sous son pontificat naître un rejeton de tant de Rois qui n'ont jamais épargné ni leur couronne, ni leur vie pour la défense du Saint Siège, je supplie Votre Sainteté de lui vouloir départir la bénédiction apostolique afin que faisant prospérer son éducation, j'ai en lui, non seulement un fils, mais aussi un successeur à l'émulation que me donne le zèle de mes ancêtres pour l'avancement de la religion et pour la gloire du saint nom de Dieu. J'espère de la bonté paternelle de Votre Sainteté qu'elle voudra bien étendre cette grâce sur moi aussi qui la lui demande avec tout le respect filial que doit, très Saint Père, votre très dévot Fils aîné,

Louis.

N'oublions pas que Louis XIV est roi de droit divin, titre qui fait de lui, sinon l'égal d'un pape, du moins un des maîtres de l'Eglise et un des maîtres avec lesquels il faut compter le plus. En fait se pose et se posera longtemps la question de savoir si l'autorité du Pape *dans* l'Eglise est aussi une autorité *sur* l'Eglise.

En 1661 les rapports sont médiocres avec Rome. Ce ne sont pas des rapports solides, à l'abri des petits incidents. Dès le mois d'août 1662, un grave conflit s'éleva pour une histoire de têtes chaudes. Des laquais du duc de Créquy, ambassadeur à Rome ayant attaqué des gardes corses, le frère du Pape, Mario Chigi, vint avec une troupe assiéger l'ambassade. Ils tirèrent sur l'ambassadrice, tuèrent un page, blessèrent plusieurs domestiques. La duchesse de Créquy n'échappa que de justesse au feu des assaillants. Louis XIV exigea une réparation exemplaire :

Saint-Germain-en-Laye. Le 30 août 1662.

Très Saint Père, notre cousin le duc de Créquy, notre ambassadeur extraordinaire, nous ayant fait savoir l'assassinat commis en sa personne, en celle de notre ambassadrice et de tous les Français qui se sont trouvés le 20 en courant dans les rues de Rome, à la rencontre de la milice corse de Votre Sainteté, nous avons aussitôt envoyé ordre à notre dit cousin de sortir de l'Etat ecclésiastique, afin que sa personne et notre dignité ne demeurent pas plus longtemps exposées à des attentats, dont jusqu'ici il n'y a point d'exemples chez les barbares mêmes ; et nous avons en même temps ordonné au sieur de Bourlemont, auditeur de Rote, de savoir de Votre Sainteté si elle veut approuver ce que cette soldatesque a fait, ou si elle a dessein de nous en faire une satisfaction proportionnée à la grandeur de l'offense, qui a non seulement violé, mais renversé indignement le droit des gens. Nous ne demandons rien à Votre Sainteté en cette rencontre : elle a fait une si longue habitude de nous refuser toutes choses et a témoigné jusqu'ici tant d'aversion pour ce qui regarde notre personne et notre couronne, qu'il vaut mieux remettre à sa prudence propre ses résolutions, sur lesquelles les notes se régleront (3)...

Le Pape fit pendre un Corse et un sbire, et exila le gouverneur de Rome soupçonné d'avoir favorisé l'attentat. Mais la France n'entendait pas qu'il s'en tirât à si bon compte. Le Roi annonça hautement son intention d'assiéger Rome et une armée commandée par le maréchal de Plessis-Praslin se mit en marche vers l'Italie. Le Pape essaya d'implorer secours des autres monarques catholiques. Tout le monde était trop occupé pour l'aider. Pour toute réponse, le Parlement de Provence fit saisir le Comtat d'Avignon. En d'autres temps, de foudroyantes excommunications eussent répondu à ces mesures. Alexandre VII ne les osa pas. Il exila son frère et consentit à l'érection d'une pyramide stigmatisant le méfait de ses gardes corses et la réparation éclatante qui avait suivi. Le retour de Créquy fut l'occasion d'un triomphe respectueux :

Paris, 1er avril 1664

Très Saint Père, mon cousin le duc de Créquy, mon ambassadeur extraordinaire auprès de Votre Sainteté, allant, en conséquence du traité de Pise, reprendre les fonctions de son ambassade, que les embarras passés avaient suspendues, je ne veux pas qu'il se présente aux pieds de Votre Béatitude sans qu'il lui porte dans ces lignes, les assurances de la continuation de mon respect filial et de mon affection, avec l'expression de deux vérités très constantes : l'une que dans mes plus forts ressentiments de l'injure qui avait été faite dans Rome à ma dignité, j'ai toujours eu en singulière considération la personne de Votre Sainteté, et conservé pour elle toute la vénération qui lui est due ; l'autre, que je ressens maintenant une parfaite joie de voir toutes choses entre nous, dans l'état que j'avais toujours souhaité, et que rien ne puisse désormais retenir le libre cours et les effets de mon zèle, aux occasions où j'aurais lieu d'en donner les preuves, soit pour les avantages du Saint Siège, soit pour les satisfac-

> tions personnelles de Votre Béatitude. Je me promets que mon cousin le cardinal Chigi, son légat *a latere* que j'aurai grand plaisir de voir ici, ne partira point d'auprès de moi qu'il n'ait reconnu là-dessus la sincérité de mes sentiments et qu'il en rendra à son retour bon témoignage à Votre Sainteté, que je prie Dieu de vouloir longtemps conserver la santé au régime de sa Sainte Eglise.

En 1663, la Sorbonne ayant mis en doute la doctrine de l'infaillibilité, Louis XIV étouffa l'affaire devant le mécontentement du Vatican. Les susceptibilités restaient grandes des deux côtés. En 1687, une nouvelle affaire montra à quel point les pouvoirs du Pape et du Roi pouvaient se heurter. Le Saint Père remit en vigueur une ancienne bulle qui ôtait leurs immunités et leurs franchises aux représentants à Rome des princes souverains. Versailles rappela son ambassadeur M. de Lavardin et ne le renvoya qu'avec une escorte de mille hommes armés jusqu'aux dents. Le Pape céda.

Auparavant beaucoup d'autres frictions s'étaient produites sur des points de théologie. Alexandre VII ne paraît pas avoir été un mauvais pape, mais faible et dominé par sa propre famille pourrie d'ambition. En 1666, raconte le Roi :

> Le duc de Chaulnes que j'avais envoyé comme ambassadeur extraordinaire à Rome y avait été reçu très honorablement. Car la mauvaise disposition où était alors le Pape, rendait ses neveux un peu plus honnêtes qu'ils n'avaient accoutumé. Mais sitôt que le Pape eut repris sa santé, ils reprirent aussi leur fierté ordinaire.
>
> La seule affaire qui me restait à traiter en cette

cour, était d'abolir les divisions qui s'étaient formées dans le clergé de ce royaume sur les propositions de Jansénius. Le Pape s'y était porté, d'abord fort chaudement, comme dans une affaire qui regardait en effet ses intérêts plus que les miens, et se rendait solliciteur envers moi pour l'exécution des bulles qu'il avait données sur ce sujet, principalement en ce qui regardait les évêques qui avaient refusé d'y obéir. Et de ma part je lui prêtais volontiers le secours de mon autorité avec toute la précaution néanmoins qui se devait pour ne pas blesser les anciens privilèges de l'Eglise gallicane.

Mais depuis, comme je travaillais de bonne foi sur ce plan et que j'eus mis l'affaire au point que le Pape n'avait plus qu'à nommer des commissaires, je m'aperçus qu'il changeait de conduite. Et le sujet de ces changements était que ses neveux avaient pris le zèle chrétien avec lequel j'agissais en cette occasion, pour une puissante jalousie d'Etat, et s'imaginaient qu'ils pourraient tirer de moi tout ce qui leur plairait en échange de la satisfaction qu'ils me donneraient sur ce point.

Ainsi, lorsque mon ambassadeur leur parla de ma part de nommer les commissaires, ils firent premièrement diverses difficultés et ensuite s'expliquant plus nettement, osèrent bien proposer qu'en échange de cette expédition, je consentisse d'abattre la pyramide qu'ils avaient été contraints de me bâtir pour réparation du crime des Corses. Mais alors pour faire voir que je n'avais autre attachement à cette affaire que pour le bien de la religion et qu'en ce qui regardait l'intérêt de mon état, je ne craignais nullement le jansénisme, j'ordonnai à mon ambassadeur de dire simplement à ces messieurs qu'après avoir informé Sa Sainteté de l'état des choses et lui avoir proposé ce qui était à faire suivant les formes pour l'exécution de ses propres décrets, je croyais avoir satisfait à mon devoir envers Dieu et que ce serait désormais à Elle à faire le sien quand il lui plairait.

Cependant le cardinal Ursin dont le procédé (comme vous avez vu dans les années passées) n'avait pas été tel qu'il devait être, se rendit à ma cour et m'ayant fait paraître un véritable repentir de sa faute, me fit résoudre à l'oublier et à lui rendre le titre de Coprotecteur de France que je lui avais ôté.

Peu de temps après, je rétablis la discipline et l'union dans l'ordre de Cîteaux. La division s'y était introduite par l'artifice ou le mauvais zèle de certains supérieurs particuliers, qui, sous prétexte d'une réforme plus austère, voulaient se soustraire de l'autorité du général, lequel de sa part soutenait que les nouvelles règles auxquelles les réformés s'étaient voulu soumettre, ne les pouvaient pas dispenser de l'obéissance qu'ils devaient à leur supérieur naturel.

Cette affaire me parut d'autant plus digne de mon application que cet ordre infiniment célèbre et que le schisme que l'on y voyait, portait un scandale général à toute l'Eglise, outre qu'ayant été entreprise dès l'année 1633 par le cardinal de La Rochefoucauld, homme de suffisance et de piété singulière, et depuis poursuivie, non seulement dans toutes les juridictions du royaume, mais devant le Pape même, assisté pour ce sujet des plus habiles cardinaux, elle n'avait pu être achevée.

Ainsi je fis rapporter l'affaire en mon conseil. Mais comme s'il eut été du destin de cette affaire de n'être jamais terminée mes conseillers se trouvèrent partagés en opinions, et je me vis dans la nécessité de la décider par mon seul suffrage, lequel je donnai en faveur du général. Car outre les raisons du fond qu'il serait ennuyeux de déduire ici et le sentiment du Pape qui en avait jugé comme moi, je considérai qu'il était de l'avantage de l'Etat de conserver sous l'obéissance de ce chef d'ordre tous les couvents étrangers qui offraient de s'y ranger, et qu'il était de la prudence d'un souverain de maintenir en toutes les choses justes ceux qui ont le caractère de supériorité, contre la révolte des subalternes.

Je projetai encore alors un autre règlement qui regardait à la fois et l'Etat et l'Eglise. Ce fut à l'égard des fêtes dont le nombre, augmenté de temps en temps par des dévotions particulières, me semblait beaucoup trop grand. Car enfin il me parut qu'il nuisait à la fortune des particuliers en les détournant trop souvent de leur travail, qu'il diminuait la richesse du royaume en diminuant le nombre des ouvrages qui s'y fabriquaient, et qu'il était même préjudiciable à la religion par laquelle il était autorisé, parce que la plupart des artisans étant des hommes grossiers, donnaient ordinairement à la débauche et au désordre ces jours précieux qui n'étaient destinés que pour la prière et les bonnes œuvres.

Dans ces considérations, je pensais qu'il serait du bien des peuples et du service de Dieu d'apporter en cela quelque modération, et je fis entendre ma pensée à l'archevêque de Paris, lequel la jugeant pleine de raison, voulut bien, comme pasteur de la capitale de mon royaume, donner en cela l'exemple à tous ses confrères.

Les impiétés qui se commettaient dans le Vivarais, me donnèrent sujet d'y faire tenir des Grands Jours par les officiers du parlement de Toulouse, et quoique la chambre mi-partie de Castres me sollicitât avec instance afin d'obtenir place dans ce tribunal pour quelques-uns de leurs députés comme ayant droit d'y entrer, je crus qu'il serait plus avantageux à la religion de ne pas leur accorder cette demande, laquelle je sus éluder par divers délais, pendant que l'affaire se consommait.

Le même zèle me fit envoyer l'abbé de Bourséis jusqu'en Portugal pour essayer de convertir Schomberg qui s'y était acquis beaucoup de réputation, et me fit poursuivre chez les Hollandais la réparation du scandale qu'ils avaient fait peu de temps auparavant en la personne d'un aumônier de mon ambassadeur (18).

L'élection du cardinal Rospigliosi (20 juin 1667) fut l'occasion pour le Roi d'une de ces lettres où il savait glisser autant de respect et de flatteries que de conseils à suivre si l'on voulait garder à Rome son amitié et son appui :

A Douai, le 6 juillet 1667.

Très Saint Père, il n'est point de termes qui puissent exprimer ma joie, pour l'heureuse exaltation de Votre Sainteté au souverain pontificat, voyant dans un si digne choix, l'accomplissement de mes vœux, et me félicitant moi-même d'être aussi satisfait que je le suis de tous ceux du sacré collège, à qui j'avais confié le secret de mes intentions. Votre Sainteté peut s'assurer que désormais, une de mes plus sérieuses et plus douces applications, sera de lui complaire, en toutes les choses où j'en aurai le pouvoir, et de ne rien oublier de ce qui dépendra de moi, non seulement pour témoigner ma dévotion envers le Saint Siège, mais aussi pour contribuer à la gloire de son nom ; je le dis du cœur, et les effets lui feront voir en toutes rencontres la vérité de ces sentiments ; cependant je ne puis qu'admirer les saints transports de son zèle pour la tranquillité publique, pour laquelle je vois par sa lettre du 21 juin, qu'elle est prête à aller en personne partout où besoin serait, et l'on peut dire à l'avantage de Votre Sainteté que si ses deux derniers prédécesseurs avaient eu la même ferveur, ils auraient pu avancer de dix ans le repos de la chrétienté.

Puisque Votre Béatitude a la bonté de lui offrir sa médiation, dans le présent démêlé que j'ai avec l'Espagne, je l'accepte de tout mon cœur, et je me promets que les ministres qu'elle enverra pour l'exercer me rendant justice par leurs dépêches, lui donneront bientôt lieu de louer ma modération, et l'amour sincère et effectif que j'ai pour le repos public ; quant à la suspension, si l'instance de Votre Sainteté sur ce sujet fût arrivée avant que j'eusse marché à la tête de mes troupes pour entrer en Flandre, elle m'eût fait sans doute tomber les armes des mains ; mais outre l'honneur qui ne me permet plus de demeurer sans action maintenant que je me trouve engagé en personne, au milieu du pays, je supplie Votre Sainteté de considérer, si cette surséance serait un moyen fort propre pour rendre l'Espagne traitable ; ce que je puis donc, est de confirmer à Votre Sainteté, comme je fais par cette lettre, que quelque succès dont il plaise à Dieu de

> bénir la justice de mes armes, je n'aurai jamais de peine à traiter d'accommodement à des conditions raisonnables et modérées, et l'ambition ni l'intérêt ne sont capables de faire le moindre obstacle de ma part ; au reste je demande pour première grâce, à Votre Sainteté, celle de ne vouloir pas différer à promouvoir au cardinalat mon cousin l'abbé Rospigliosi; ; dès le voyage qu'il fit vers moi avec le dernier légat, je l'en jugeai si digne par les bonnes qualités que je remarquai en sa personne, que m'intéressant au point que je le fais à la santé de Votre Béatitude, j'avoue que je ne puis être sans impatience de voir élever à cette dignité un sujet si capable de la soulager d'une partie des fatigues et des soins du pontificat. Enfin, j'en prie derechef Votre Sainteté, par l'amour paternel dont je suis persuadé qu'elle me favorise, et auquel je répondrai toute ma vie par le respect vraiment filial avec lequel je suis... (30).

On le voit ; le Roi n'hésite pas plus que pour l'administration et l'armée, à veiller sur tout. Mais c'est en 1673 que la situation se gâta vraiment lorsqu'il voulut étendre à tous les évêchés le droit de régale. Tous les évêques, sauf deux, se soumirent. Ces deux-là, d'obédience janséniste, mirent le feu aux poudres en invoquant l'autorité papale. Le nouveau pape Innocent XI refusa de reconnaître les évêques nommés par le Roi. Le schisme semblait inévitable. Le 19 mars 1682, une Assemblée extraordinaire du clergé publia une proposition en quatre points. Elle était rédigée par Bossuet et inspirée par le Roi, et rappelait que saint Pierre et ses successeurs n'avaient reçu puissance de Dieu que sur les choses spirituelles, que les conseils œcuméniques sont supérieurs au Pape, que les « règles, coutumes et institutions » reçues dans le royaume sont inébranlables, que le Pape n'est pas infaillible. Rome repoussa ces conclusions et resta sur ses positions. A la mort d'Innocent XI on crut pouvoir espérer un compromis, mais Alexandre VIII adopta la même attitude. Son pontificat très court ne permit pas de revenir sur des questions aussi délicates où tant de susceptibilités entraient en jeu. L'élection d'un nouveau pape, en 1691, vit le Roi intervenir directement auprès des cardinaux français à Rome pour l'élection d'un souverain pontife favorable aux propositions de l'Assemblée extraordinaire du Clergé. Le cardinal de Bouillon ne craignit pas de se rebeller contre les désirs royaux. Louis XIV lui écrivit le 6 juin 1691 :

> Mon cousin, j'ai reçu votre lettre du 19 mai par laquelle vous m'informez des réflexions que vous avez faites sur les qualités de quelques-uns de ceux qui peuvent être élus au pontificat ; et comme j'explique sur ce sujet mes sentiments au cardinal de Bonzi, dans la lettre que je lui écris, je désire que vous donniez une entière créance à ce qu'elle contient ; et la présente n'étant à autre fin, je prie Dieu, mon cousin, qu'il vous ait en sa sainte et digne garde (11).

Par le même courrier, le cardinal de Bonzi recevait une lettre d'une fermeté qui ne laissait pas d'échappatoire :

> Mon Cousin, j'ai reçu une fort longue lettre du cardinal de Bouillon, dans laquelle il me dit toutes les raisons par lesquelles il prétend justifier le penchant qu'il a pour le cardinal Barbarigo, pour le

préférer à tous les autres sujets papables. Comme je vois par cette lettre qu'il se pourrait bien faire qu'il lui donnerait son suffrage contre les sentiments du cardinal de Forbin, chargé de mes ordres, je veux que vous lui disiez que s'il lui arrivait, contre la fidélité qu'il me doit et le bien de notre religion, de donner son suffrage au dit cardinal Barbarigo, ou à tel autre sujet que celui qui lui sera nommé par le cardinal de Forbin, sous quelque prétexte que ce puisse être, il doit s'attendre à ne jamais mettre le pied dans mon royaume, et à recevoir, lui et sa famille, les plus rigoureux effets du mécontentement que j'aurais de sa conduite. Ecrit à Versailles le 6 juin 1691.

Louis (11).

L'élu ne fut ni un Barbarigo, ni un Altieri, mais finalement le cardinal Antoine Pignatelli qui prit le nom d'Innocent XII en juillet 1691. Deux ans après ce Pape accepta un compromis. Le Roi pouvait exercer la régale, mais les évêques français se soumettaient. On évitait de justesse le schisme (23). Il est certain que le Roi ne le désirait pas, que même il le redouta, et que le zèle de ses évêques l'incommoda parfois. Placer la nation sur cette voie dangereuse du gallicanisme engageait l'avenir. L'unité du monde chrétien ne le permettait pas. Cette unité au nom de laquelle la monarchie avait écrasé le jansénisme, le quiétisme et la Réforme.

LE ROI ET SES MINISTRES

Nous avons déjà cité plus haut le passage des Mémoires où le Roi définit pour le Dauphin les devoirs immenses et les droits limités des ministres. Ces derniers ne sont, dans son esprit, que des exécutants. Encore durent-ils être des exécutants disciplinés, efficaces, rapides, modestes. Sans quoi la sanction ne se faisait pas attendre : quelques mots secs, une lettre d'une dureté extrême, un rappel à l'ordre par l'intermédiaire de la famille. Le marquis de Barbezieux, fils de Louvois, ayant pris la succession du secrétariat d'Etat à la Guerre, ne montrait pas à ce poste les mêmes vertus rigides que son père. Le Roi voulant « le corriger sans trop le mortifier » écrivit à l'oncle de Barbezieux, l'archevêque de Reims, pour le prier d'avertir son neveu :

> Je sais ce que je dois à la mémoire de M. Louvois ; mais si votre neveu ne change de conduite, je serai forcé de prendre un parti. J'en serai fâché, mais il en faudra prendre un. Il a des talents, mais il n'en fait pas un bon usage. Il donne trop souvent à souper aux princes, au lieu de travailler ; il néglige les affaires pour ses plaisirs ; il fait attendre trop longtemps les officiers dans son antichambre ; il leur parle avec hauteur, et quelquefois avec dureté (2).

C'est rappeler, par un détour plein de tact, à un ministre qu'il est un « serviteur » et non un favori. Dans les Mémoires, à l'année 1667, nous retrouvons la grande crainte du Roi et sa prudence.

> Les ministres des rois peuvent apprendre à modérer leur ambition, parce que plus ils s'élèvent au-dessus de leur sphère, plus ils sont en péril de tomber. Mais les rois peuvent apprendre aussi à ne pas laisser trop agrandir leurs créatures, parce qu'il arrive presque toujours qu'après les avoir élevées avec emportement, ils sont obligés de les abandonner avec faiblesse, ou de les soutenir avec danger : car pour l'ordinaire ce ne sont pas des princes fort autorisés ou fort habiles qui souffrent ces monstrueuses élévations.
>
> Je ne dis pas que nous ne puissions, par le propre intérêt de notre grandeur, désirer qu'il en paraisse quelque épanchement sur ceux qui ont part en nos bonnes grâces. Mais il faut prendre soigneusement garde que cela n'aille pas jusqu'à l'excès, et le conseil que je vous puis donner pour vous en garantir consiste en trois observations principales.

is XIV, Ecole Française. (Roger-Viollet).
ne serai pas toujours un enfant. Mais taisez-vous ! Je veux que personne ne s'aperçoive de larmes. Les coquins de Bordelais ne me feront pas longtemps la loi...»

Le Cardinal Mazarin, par Nanteuil. (Coll. part.).
«Monsieur, je vous ai fait assembler avec mes ministres et secrétaires d'Etat pour vous que, jusqu'à présent, j'ai bien voulu laisser gouverner mes affaires par feu M. le Cardina est temps que je les gouverne moi-même.»

Louis XIV au Chancelier Ségu

Marie Mancini, par Mignard. (Roger-Viollet).
«J'ai la plus grande joie du monde d'avoir une telle nièce, voyant que, d'elle-même, elle a une si généreuse résolution et si conforme à mon honneur et à ma satisfaction.»

Maz

ouvois. (Coll. part.).
Sans être premier ministre, il abattit tous les autres, sut mener le Roi où et comme il voulut, devint en effet le maître.»

Saint-Simon

.B. Colbert, par Ph. de Champaigne. (Roger-Viollet).
Je n'ai jamais cru que les Rois, sentant comme ils font en eux toutes les tendresses parternel-s, fussent dispensés de l'obligation commune des pères qui est d'instruire leurs enfants par exemple et le conseil.»

Mademoiselle de la Vallière, Ecole Française. (Roger-Viollet).
«Quitter la Cour pour le cloître, ce n'est point là ce qui me coûte ; mais parler au Roi, oh voilà mon supplice.»

La Valliè

ouis XIV, par Rigaud. (Roger-Viollet).
Après avoir pris conseil, c'est à nous à former nos résolutions, personne n'osant ni ne pouvant uelquefois nous les inspirer aussi bonnes et aussi royales que nous les trouvons en nous-iêmes.»

Louis XIV reçoit son frère, le Duc d'Orléans, dans l'Ordre du Saint-Esprit, par Ph. de Cham paigne. (Bulloz).

'était manquer de prévoyance et de raison que de mettre les grands gouvernements entre les ains des Fils de France, lesquels, pour le bien de l'Etat, ne doivent jamais avoir d'autre raite que la Cour, ni d'autre place de sûreté que dans le cœur de leur frère.»

Le Grand Dauphin. (Coll. part.).
«Tout contribua en lui, timidité naturelle, dur joug d'éducation, ignorance parfaite et déf de lumière, à le faire trembler devant le Roi, qui de son côté, n'omit rien pour entretenir prolonger cette terreur toute sa vie.»

Saint-Sim

Le Duc de Bourgogne, par Mignard. (Roger-Viollet).
«Ce prince, héritier nécessaire puis présomptif de la couronne, naquit terrible, et sa premi jeunesse fit trembler...»

Saint-Sim

Le Bassin de Saturne. (Coll. part.).

e générale de Versailles. (Giraudon).

Le Bassin d'Ancelade. (Coll. part.).

ladame de Montespan, par Netscher. (Roger-Viollet).
Il serait bon que le prince se garantît absolument des faiblesses communes au reste des hom-nes, d'autant plus qu'il est assuré qu'elles ne sauraient rester cachées.»

a Duchesse de Bourgogne, Ecole Française. (Roger-Viollet).
Jamais princesse arrivée si jeune ne vint si bien instruite, et ne sut mieux profiter des instruc-ons qu'elle avait reçues.»

Saint-Simon

Madame de Maintenon, par F. Elle. (Roger-Viollet).
«Ce n'est pas assez d'avoir de grandes qualités, il faut en avoir l'économie.»
La Rochefoucaul

La première est que vous sachiez vos affaires à fond, parce qu'un roi qui ne les sait pas, dépendant toujours de ceux qui le servent, ne peut bien souvent se défendre de consentir à ce qui leur plaît.

La seconde, que vous partagiez votre confiance entre plusieurs, d'autant que chacun de ceux auxquels vous en faites part étant par une émulation naturelle opposé à l'élévation de ses rivaux, la jalousie de l'un sert souvent de frein à l'ambition de l'autre.

Et la troisième, qu'encore que, dans le secret de vos affaires ou dans vos entretiens de plaisir ou de familiarité, vous ne puissiez admettre qu'un petit nombre de personnes, vous ne souffriez pas pourtant que l'on se puisse imaginer que ceux qui auront cet avantage soient en pouvoir de vous donner à leur gré bonne ou mauvaise impression des autres ; mais qu'au contraire vous entreteniez exprès une espèce de commerce avec tous ceux qui tiendront quelque poste important dans l'Etat, que vous leur donniez à tous la même liberté de vous proposer ce qu'ils croiront être de votre service ; que pas un d'eux, en ses besoins, ne se croie obligé de s'adresser à d'autres qu'à vous ; qu'ils ne pensent avoir que vos bonnes grâces à ménager ; et qu'enfin les plus éloignés comme les plus familiers soient persuadés qu'ils ne dépendent en tout que de vous seul.

Car vous devez savoir que cette indépendance sur laquelle j'insiste si fort, étant bien établie entre les serviteurs, relève plus que toute autre chose l'autorité du maître, et que c'est elle seule qui fait voir qu'il les gouverne en effet, au lieu d'être gouverné par eux. Comme, au contraire, d'abord qu'elle cesse, on voit infailliblement les brigues, les liaisons et les engagements particuliers grossir la cour de ceux qui sont en crédit et affaiblir la réputation du prince.

Mais principalement s'il en est quelqu'un qui, par notre inclination ou par son industrie, vienne à se distinguer de ses pareils, on ne manque jamais de penser qu'il est maître absolu de notre esprit, on le regarde incontinent comme un favori déclaré, on lui attribue quelquefois des choses dont il n'a pas eu la moindre participation, et le bruit de sa faveur est infiniment plus grand dans le monde qu'elle ne l'est en effet dans notre cœur.

Et cependant ce n'est pas en cela, mon fils, qu'on peut mépriser les bruits populaires : au contraire, il faut y remédier sagement et promptement, parce que cette opinion, quoique de soi vaine, peut, en durant trop, nuire à notre réputation, et augmenter effectivement le crédit de celui même qui l'a fait naître. Car comme chacun s'empresse à devenir de ses amis, il trouve souvent moyen de faire par les autres ce qu'il n'eût jamais entrepris de son chef et parce qu'on s'imagine qu'il peut tout, on veut lui plaire par toutes voies. Ceux même à qui nous donnons le plus de familiarité auprès de nous cherchent à se fortifier par son appui. On prend avec lui des engagements secrets qu'on couvre en certaines occasions d'une indifférence affectée, pendant que dans les choses qu'il affectionne on l'informe de tout ce qu'on voit, on nous parle toujours dans ses sentiments, on approuve ou blâme ce qu'il veut, on éloigne ce qui lui déplaît, on facilite ce qu'il désire : en sorte que, sans qu'il paraisse y contribuer, nous nous trouvons comme par merveille, mais merveille presque infaillible, portés dans tous ses sentiments.

Et cela, mon fils, est d'autant plus à remarquer,

> que c'est par où naît et s'établit d'ordinaire la puissance des favoris, et par où l'on parvient insensiblement à gouverner la plupart des princes. Car enfin, ce qu'on appelle être gouverné n'est pas toujours d'avoir un premier ministre en titre, à qui l'on renvoie ouvertement la décision de toutes choses ; chez les esprits éclairés, c'est assez pour cela d'avoir une ou plusieurs personnes, de quelque qualité qu'elles soient, qui, séparées ou jointes ensemble, puissent nous mettre dans l'esprit ce qu'elles veulent, qui sachent selon leurs intérêts, avancer ou reculer les affaires, et qui puissent, sans que nous y fassions réflexion, approcher de nous les gens qu'elles favorisent, ou nous dégoûter de ceux qu'elles n'aiment pas (18).

En fait, si l'on s'en tient à la lettre que Louis XIV adressa à Pomponne, pour lui annoncer sa nomination au poste de Lionne qui venait de mourir, l'honneur d'être choisi pour ministre, n'allait pas sans de dures contreparties. La charge s'achetait. Elle coûtait une fortune.

> Versailles, le 5 septembre 1671.
>
> En recevant cette lettre, vous aurez des sentiments bien différents. La surprise, la joie et l'embarras vous frapperont tout ensemble, car vous ne vous attendez pas que je vous fasse secrétaire d'Etat, étant dans le fond du Nord. Une distinction aussi grande, et un choix fait sur toute la France, doivent toucher un cœur comme le vôtre, et l'argent que je vous ordonne de donner peut embarrasser un moment un homme qui a moins de richesses que d'autres qualités. Après avoir fait ce préambule, je vais expliquer

en peu de mots ce que je fais pour vous. Lyonne étant mort, je veux que vous remplissiez sa place ; mais comme il faut donner quelque récompense à son fils qui a la survivance, et que le prix que j'ai réglé monte à 800 000 livres, dont j'en donne 300 000 par le moyen d'une charge qui vaque, il faut que vous trouviez le reste. Mais pour y apporter de la facilité, je vous donne un brevet de retenue des 500 000 livres, que vous devez fournir, en attendant que je trouve dans quelques années le moyen de vous donner de quoi vous tirer de l'embarras où mettent beaucoup de dettes. Voilà ce que je fais pour vous, et ce que je veux de vous.

Travaillez à mettre mes affaires en Suède en état de vous rendre bientôt auprès de moi. Je vous enverrai un successeur qui se servira de vos gens pour le temps qu'il devra demeurer où vous êtes ; et vous partirez pour vous rendre auprès de moi, pour consommer pleinement la grâce que je vous fais, qui ne paraît pas petite à beaucoup de gens. Elle vous marque assez l'estime que je fais de votre personne, sans qu'il soit nécessaire que j'en dise davantage. Vous donnerez créance à ce que vous dira ce porteur, et me le renverrez aussitôt avec les éclaircissements que je vous demande sur les affaires dont vous êtes chargé.

Louis.

La correspondance avec Colbert est, de toutes, la plus vivante. A quelques mots, on peut se demander si le Roi aima jamais vraiment celui qui est resté, devant l'Histoire, l'artisan de sa gloire et son serviteur le plus zélé. Certes, lors de la prise de Cambrai, on voit le Roi écrire à son ministre ces quelques lignes :

De Cambrai, le 28 mai 1677.

Je crois que la date de cette lettre ne vous déplaira pas ; pour moi je la trouve très agréable pour un Roi de France et particulièrement pour moi (24).

Le souverain partage son triomphe avec son ministre, et il le fait avec une pudeur, une modestie exemplaires. Souvent, en marge d'une lettre, il donne sa réponse, toujours brève et précise. Colbert lui ayant annoncé l'enregistrement par le Parlement de deux édits pour l'aliénation des Domaines, et suggérant une gratification de 12 000 à 15 000 livres pour les rapporteurs de ces édits, le Roi note de sa main, le 5 mai 1672 :

Je suis très aise que les édits soient vérifiés, que chacun ait fait son devoir, vous en pouvez témoigner ma satisfaction à chacun en particulier, quand l'occasion s'en présentera. Je vous permets de faire ce que vous jugerez bon pour mon service à l'égard des gratifications ; prenez seulement garde que cela ne tire à conséquence pour les suites (24).

En 1670, le Bernin, travaillant à la statue équestre du Roi, réclama sa pension et celle de son fils qui collaborait avec lui. Colbert, en l'absence du Roi, prit sur son autorité de payer ces pensions, mais ne manqua pas d'en référer aussitôt à son souverain qui répondit de Courtrai, le 22 mai :

Vous avez bien fait de faire payer la pension à Bernin, puisqu'il travaille... J'irai aux manufactures d'Abbeville et de Beauvais et je parlerai comme

> je croirai devoir le faire et comme vous me le mandez. J'ai fort exhorté ceux d'Oudenarde à travailler, ils m'ont donné un mémoire que nous verrons à mon retour ensemble. Les changements que j'ai faits dans mon voyage m'avancent encore de trois jours, de sorte que je serai à Saint-Germain s'il n'arrive rien de nouveau, le dimanche 8 de juin. Comptez là-dessus pour Versailles et Trianon (24).

Là, c'est Colbert qui est en voyage et le Roi qui est resté à Versailles. Le ministre souffre cruellement de coliques néphrétiques. Louis XIV s'enquiert de sa santé et le prie de se ménager :

> Versailles, 15 avril 1671.
>
> Madame Colbert m'a dit que votre santé n'est pas trop bonne, et que la diligence avec laquelle vous prétendez revenir vous sera peut-être préjudiciable.
>
> Je vous écris ce billet pour vous ordonner de ne rien faire qui vous mette hors d'état de me servir, en arrivant, à tous les emplois importants que je vous confie.
>
> Enfin, votre santé m'est nécessaire, je veux que vous la conserviez et que vous croyiez que c'est la confiance et l'amitié que j'ai en vous et pour vous qui me font parler comme je fais (19).

Sont-ce ses souffrances physiques qui ont donné à Colbert de l'humeur ? Ou n'a-t-il pas trouvé à Versailles, quelques jours plus tard, des dépenses dont il s'est plaint amèrement au Roi. Ce dernier y répond, avec l'esprit de l'escalier, sur un ton inattendu :

Chantilly, 24 avril 1671.

Je fus assez maître de moi avant-hier pour vous cacher la peine que j'avais d'entendre un homme que j'ai comblé de bienfaits comme vous me parler de la manière que vous faisiez.

J'ai eu beaucoup d'amitié pour vous, il y paraît par ce que j'ai fait, j'en ai encore présentement, et je crois vous en donner une assez grande marque en vous disant que je me suis contraint un seul moment pour vous et que je n'ai pas voulu vous dire moi-même ce que je vous écris pour ne vous pas commettre à me déplaire davantage.

C'est la mémoire des services que vous m'avez rendus et mon amitié qui me donnent ce sentiment ; profitez-en et ne hasardez plus de me fâcher encore, car après que j'aurai entendu vos raisons et celles de vos confrères et que j'aurai prononcé sur toutes vos prétentions, je ne veux plus jamais en entendre parler.

Voyez si la marine ne vous convient pas, si vous ne l'avez à votre mode, si vous aimeriez mieux autre chose ; parlez librement. Mais après la décision que je donnerai, je ne veux pas une seule réplique.

Je vous dis ce que je pense pour que vous travailliez sur un fondement assuré et que vous ne preniez pas de fausses mesures (19).

Mais deux jours plus tard, il semble que le souverain soit pris de remords. Il adoucit ses sévérités et rappelle son « amitié » à Colbert :

Liancourt, 26 avril 1671.

Ne croyez pas que mon amitié diminue, vos services continuant, cela ne se peut, mais il me les faut rendre comme je les désire, et croire que je fais tout pour le mieux.

La préférence que vous craignez que je donne aux autres ne doit vous faire aucune peine. Je veux seulement ne pas faire d'injustice et travailler au bien de mon service. C'est ce que je ferai quand vous serez tout auprès de moi.

Croyez, en attendant, que je ne suis point changé pour vous et que je suis dans les sentiments que vous pouvez désirer (19).

En 1683, Colbert, miné par la maladie et les soucis, entre en agonie. Son fils, le marquis de Seignelay, se rend à Fontainebleau pour annoncer la nouvelle au Roi et en pleine nuit lui fait remettre une lettre. On la lui retourne avec, en marge comme d'habitude, ces quelques mots :

L'état où est votre père me touche infiniment.

Demeurez auprès de lui tant que vous y serez nécessaire et que votre douleur ne vous empêche pas de faire, en bon fils, tout ce qui sera possible pour le soulager et le sauver.

J'espère toujours que Dieu ne voudra pas l'ôter de ce monde où il est si nécessaire pour le bien de l'Etat. Je le souhaite de tout mon cœur, par l'amitié particulière que j'ai pour lui et par celle que j'ai pour vous et toute sa famille (19).

Le Roi entrevit-il tout ce qu'il perdait avec la disparition de Colbert ? Ce n'est pas certain. Les plaintes du ministre trop sage avaient exaspéré Louis XIV dont la politique ne se concevait que s'il était permis de ne pas lésiner. Or Colbert lésinait sur tout sauf sur Versailles.

En cette année 1683 où la reine Marie-Thérèse meurt, où le Roi épouse sans doute Mme de Maintenon, la France est à un nouveau tournant de son destin. Et c'est le moment que choisit le destin pour emporter un ministre des Finances comme la monarchie n'en trouvera plus jamais. Le souverain et le secrétaire d'Etat avaient travaillé en parfait accord, tous deux appliqués dans les détails comme dans les plans généraux. Cette collaboration ne se recommencera plus.

Citons encore deux lettres du Roi à ceux qui furent ses ministres en province, les Intendants. La première annonce à l'intendant de Flandre et de Picardie, la visite dans ces régions de Louis XIV qui entend recueillir par lui-même les doléances des citadins et des campagnards:

Fontainebleau, 10 août 1664.

Monsieur Courtin,

Ayant résolu de me rendre dans quelques jours à Dunkerque, pour visiter la frontière jusqu'à Marienbourg et remédier à toutes les choses qui pourraient être contraires au repos de ces peuples-là, qui est le seul but de mon voyage, je vous ordonne, par cette lettre écrite de ma propre main, de m'aller attendre en Artois et non seulement d'y publier que je recevrai moi-même les plaintes des habitants des villes et de la campagne ; mais aussi de leur faire comprendre que j'y pourvoirai de telle sorte, et pour le passé et pour l'avenir que jusqu'aux moindres particuliers pourront, en toute assurance, me représenter leurs raisons et me demander justice sans craindre qui que ce soit.

Vous examinerez aussi avec les principaux marchands ce qu'il y aurait à faire pour l'avantage du commerce, afin qu'outre la sûreté, la tranquillité et le bon ordre, je puisse contribuer en ce qui dépendra de moi pour mettre encore dans le pays la richesse et l'abondance et rendre mes sujets heureux au point que je le souhaite, avec une affection non moins de père que de roi (19)...

La seconde, adressée à M. le Bret, intendant de Provence, révèle une fois de plus le souci du Roi que les meilleurs soient appelés au gouvernement des affaires locales.

Fontainebleau, le 28 octobre 1687.

Etant très important pour le bien du commerce de mes sujets en Levant, que les échevins et députés du dit commerce, qui en ont la principale administration, soient choisis entre les plus habiles négociants, et étant informé que ces élections se font par intrigues ou par des considérations de parenté ou d'intérêts particuliers, je vous écris cette lettre pour vous dire que mon intention est que le plus grand nombre des places des échevins et députés du commerce de Marseille soient remplies par les négociants les plus habiles et les plus honnêtes... Je vous charge de tenir la main à ce que l'ordre que je vous en donne soit exécuté, afin que je puisse être assuré que ce commerce étant conduit par des gens qui en ont l'expérience, et dont l'intérêt est de le maintenir et l'augmenter, il n'arrive plus de contretemps, comme il y en a eu jusques à présent (19).

UN ROI ADMINISTRATEUR

NOUS nous faisons mal une idée de ce que pouvait être l'administration d'un royaume de vingt-six millions d'habitants au XVIIe siècle. Un roi, des ministres, quelques dizaines de commis y sufffisaient. Et les provinces n'étaient pas plus riches en fonctionnaires. Mais chacun travaillait avec ardeur : le Roi huit heures par jour, Colbert dix-huit heures. Les ordres, admirablement répercutés, parvenaient en un temps record à leurs destinataires. La paperasserie ne submergeait guère que les finances. Cette rapidité, ce petit nombre d'intermédiaires affairés et précis, amenaient le Roi à ne pas seulement se préoccuper des grandes vues d'ensemble, mais aussi à entrer dans les détails. Son application, son sérieux, se plaisaient d'ailleurs à ces minuties qui ne lui parurent jamais indignes d'un grand roi. D'où ces petits mots à Colbert :

> Il ne serait pas de bon exemple de donner une dispense d'âge au fils du Président de Brequigny, le père étant exilé et s'étant mal comporté, c'est pourquoi je ne veux pas l'accorder. (Mai 1673)
>
> On m'a mandé qu'il y avait quelques maisons à Saint-Germain où il y avait de la petite vérole. Donnez ordre qu'on fasse sortir tous ceux qui sont frappés du mal, et qu'on aère les maisons où elle aura été. (Octobre 1673)
>
> Vous avez bien fait de faire donner les deux mille pistoles à la Reine... Vous mettrez dans le logement des galeries qui vous croirez qui en est le plus digne... Faites donner quelque chose à la veuve et aux enfants de cet homme qui est mort, qui travaillait à la glaise à Versailles, et je leur accorde l'aubaine. (Mars 1677)

Ou bien, il dicte au sieur Rose, secrétaire de son cabinet, des instructions aux intendants pour l'administration très précise de son royaume, comme si véritablement rien ne pouvait lui échapper des incidences de la fiscalité sur la vie agricole (6 janvier 1679) :

> Monsieur, je vous envoie quelques imprimés de la déclaration par laquelle le Roi a défendu de saisir les bestiaux pour aucunes dettes. Sa Majesté m'ordonne de vous dire que son intention est que vous teniez la main à ce que cette déclaration soit ponctuellement exécutée. Et encore que Sa Majesté n'ait jamais voulu défendre la saisie des bestiaux pour raison des deniers des tailles, aides et gabelles, parce

que ces deniers étant destinés à soutenir les dépenses de l'Etat ils ne doivent jamais avoir d'exclusion, néanmoins à présent que Sa Majesté a accordé une diminution aussi considérable sur les tailles que sur celle de six millions, elle est persuadée que les receveurs ne seront pas obligés d'avoir recours à la nécessité de faire saisir les bestiaux. Ainsi, elle veut que vous teniez la main, tout autant qu'il sera possible, à ce que les bestiaux ne soient pas saisis, même pour les deniers de Sa Majesté.

Je vous ai écrit aussi plusieurs fois que le commerce, les manufactures et l'augmentation des bestiaux sont les seuls moyens d'attirer de l'argent dans les provinces. Sa Majesté veut que, dans tous les voyages que vous faites, vous vous informiez toujours de ces trois points et que vous employiez toute votre industrie et tous les expédients qui se pourront pratiquer pour exciter les peuples à les augmenter (30).

En bon administrateur, il n'aime pas que ses représentants confondent les deniers publics et leur propre fortune. Témoin cette lettre au duc de Beaufort (13 juin 1664) :

Mon cousin,

Ayant appris qu'on a déchargé et vendu partie des marchandises d'une prise que mes vaisseaux ont faites sur les Turcs, je suis bien aise de vous faire savoir par cette lettre que je ne veux point, pour quelque cause ou prétexte que ce soit, que ceux qui sont sous votre charge divertissent aucune de ces marchandises, ni même des autres prises qui pourraient être faites par mes dits vaisseaux, jusqu'à ce qu'après les avoir amenées dans mes ports, elles aient été jugées de bonne prise. J'entends même que vous preniez bien garde à ne point faire arrêter les vaisseaux de mes Alliés, sans cause très légitime, désirant non seulement donner ma protection au commerce de mes sujets, mais aussi favoriser celui des Princes et des Etats qui vivent bien avec moi. Vous y tiendrez donc la main comme à une chose qui m'est fort à cœur...

Louis.

En 1656, un édit royal avait porté création de l'Hôpital Général de Paris. Devaient y entrer les pauvres, mais aussi les mendiants, plaie de la capitale, tribu aux mœurs inquiétantes prompte à se jeter dans toutes les affaires contre le gouvernement. Vingt-quatre ans après, le Roi tint à préciser lui-même le rôle et la fonction de l'Hôpital Général :

Mars 1680.

N'y ayant point encore d'hôpitaux généraux établis pour renfermer les pauvres et punir les mendiants valides et fainéants, lorsque celui de notre bonne ville de Paris a été établi en l'année 1656, et ceux qui l'ont été depuis, par nos ordres, en différents endroits, ne l'ayant été que plusieurs années après, il y a été reçu un grand nombre de pauvres des autres villes et provinces ; mais comme il y a présentement des hôpitaux généraux dans presque toutes les villes considérables de notre royaume ; que les ordonnances des rois nos prédécesseurs ont voulu que chaque lieu soulageât les pauvres qui s'y trouvent, et ayant été aussi informé que les peines portées par notre édit du mois d'avril 1656 contre les gueux valides et fainéants n'étaient pas suffisants pour abolir entièrement ce désordre, et que rien ne pouvait être plus efficace que de les renfermer dans des lieux destinés pour ce sujet, afin de les punir par la perte de leur liberté, la nourriture qui leur serait donnée et le travail auquel on les obligerait...

Nous avons estimé raisonnable de régler, d'un côté, la qualité des personnes qui doivent être reçues et traitées charitablement dans cet hôpital, d'établir en même temps, de nouvelles peines qui fassent une impression plus forte sur ces vagabonds et de pourvoir, par de nouveaux règlements que l'expérience a fait juger nécessaires, à l'administration de cet hôpital.

A cet effet, les pauvres qui voudront y être reçus, ou ceux qui en prendront soin, mettront leurs noms, âges, demeures, état de leurs familles, entre les mains du greffier de cet hôpital... Ce greffier présentera les mémoires qu'il aura reçus à l'un des directeurs pour s'informer si les y dénommés sont de la qualité prescrite pour être reçus dans cet hôpital, ou refusés, sur le rapport qui en sera fait de quinzaine en quinzaine par l'un des directeurs...

Si quelques-uns de ceux qui auront été refusés, et qui seront âgés de seize ans et au-dessus, sont ensuite pris mendiant... ils seront enfermés un mois ou autre temps que les directeurs estimeront à propos, dans les lieux établis pour renfermer les gueux vagabonds, et traités de la même manière.

Nous enjoignons très expressément aux directeurs de cet hôpital d'appliquer les pauvres valides qui y seront, aux travaux et métiers dont ils les jugeront les plus capables, sans souffrir qu'ils en soient divertis sous quelque prétexte que ce soit, pendant les jours ouvriers,... et de récompenser et punir les uns et les autres,... eu égard à leur travail...

En 1704, il rédigea lui-même une lettre aux administrateurs de l'Hôpital Général, pour qu'on enfermât un homme qui avait commis le crime d'inceste :

Chers et bien-aimés, nous avons été informés que la procédure a conduit à l'hôpital le Sieur Dupont de la Chiquetière, gentilhomme de la province d'Anjou, prévenu d'un crime énorme qu'il est bon de cacher au public. Ainsi n'ayant pas voulu que son procès lui fut fait comme il le mériterait, nous avons jugé plus à propos de le faire enfermer pour tout le reste de ses jours au dit hôpital ; c'est ce que nous vous mandons de faire avec soin, en observant ci-après qu'il n'en puisse sortir, sous quelque prétexte que ce puisse être. Si n'y faites faute, car tel est notre plaisir.

De Marly il s'inquiète du sort qu'un fonctionnaire trop zélé a fait subir aux arbres de la ville de Laon (1er mai 1708) :

Sa Majesté étant informée de la conduite irrégulière du sieur Hérival lequel a, de son autorité privée, fait abattre des arbres qui servaient d'embellissement des dehors de ladite ville, Sa Majesté l'a interdit, lui faisant défense d'exercer aucune fonction de ladite charge de major jusques à nouvel ordre. Enjoignant Sa Majesté au gouverneur général de sa province de l'Isle de France ou à ses lieutenants généraux en icelle, de tenir la main à l'exécution de la présente.

Pour veiller à sa propre gloire, le Roi n'hésite pas à signer lui-même un mandat d'arrêt et de saisie. Ce billet concerne Primi Visconti, chroniqueur italien, vivant à Paris, un homme qui, d'ailleurs, savait voir et raconter, mais n'hésitait pas à ajouter de son cru. La Reynie, lieutenant général de la police, fut chargé de procéder aux perquisitions :

Le nommé Primi Visconti qui a écrit mon histoire en italien l'ayant remplie de faussetés, je vous écris cette lettre pour vous dire que mon intention est que vous vous transportiez incessamment en la maison du libraire qui l'a imprimée et en celle dudit Primi Visconti, et que vous vous saisissiez de tous les exemplaires que vous en trouverez, voulant qu'ils soient supprimés. Et la présente n'étant à une autre fin, je prie Dieu qu'il vous ait, M. de La Reynie, en sa sainte garde.

On pourra critiquer le Roi de s'être abaissé jusqu'à ces minuties, à des époques où toute son attention aurait dû se concentrer sur de vastes desseins. Mais ce n'est pas sans une volonté précise que Louis XIV se manifeste ainsi. Ces ordres sont une façon d'affirmer son autorité et sa surveillance à tous les échelons de la hiérarchie. Ils raniment les fonctionnaires oublieux et font souvenir à chacun que la Majesté royale a le don d'ubiquité. En 1709, après un hiver terrible qui avait ruiné l'agriculture à un moment où ce souci nouveau ne s'imposait pas, le Roi tint à rappeler aux propriétaires et aux fermiers leurs devoirs et quels pouvaient être leurs espoirs.

Versailles, 11 juin 1709.

L'affection que nous avons pour nos sujets ne nous engage pas seulement à remédier à leurs maux présents ; elle nous porte encore à prévoir de loin ceux qu'ils peuvent craindre et à empêcher qu'une année de stérilité ne soit suivie de plusieurs années encore plus stériles, comme il arriverait infailliblement si la culture des terres était négligée... En attendant que, sur les visites des commissaires que nous envoyons dans toutes les provinces de notre royaume, et sur le rapport qui nous en sera fait, nous puissions pourvoir pleinement à tout ce qui regarde une matière si importante, nous avons jugé à propos d'animer, dès à présent, le courage, et d'exciter l'industrie de tous nos sujets par les privilèges que nous avons résolu d'accorder à ceux qui cultiveront leurs terres ou celles que les propriétaires et leurs fermiers auront abandonnées, afin que l'intérêt des particuliers, les engageant tous à travailler également pour le bien public, nos peuples se puissent consoler des pertes de cette année par l'abondance de l'année prochaine, s'il plaît à Dieu, comme nous l'espérons, de l'accorder à nos vœux et aux soins que nous prendrons pour la procurer... »

Dès les premières années de son règne, il avait veillé avec soin jaloux sur l'exploitation du sol. Aujourd'hui, on le nommerait « paysagiste », ce Roi qui a pensé aux belles forêts (1662) :

Je m'appliquai aussi cette année à un règlement pour les forêts de mon royaume, où le désordre était extrême, et me déplaisait d'autant plus que j'avais formé de longue main de grands desseins pour la marine. Les causes principales de ce désordre peuvent servir à votre instruction, mon fils. C'est une simplicité sans doute que de confier nos intérêts, en matière d'argent, aux mêmes personnes à qui nous faisons, d'un autre côté, quelque tort considérable dans les levées, et qui peuvent les réparer en nous trompant. Il n'appartient à la vérité qu'aux rois de se faire justice eux-mêmes, depuis que les particuliers y ont renoncé pour l'utilisation publique et pour la leur propre, en se soumettant à la loi civile. Mais, quand ils peuvent impunément et secrètement rentrer en possession de ce droit naturel, leur fidélité n'est guère à cette épreuve, et c'est alors une vertu presque héroïque dont le commun des hommes n'est pas capable.

La guerre et l'invention des partisans pour faire de l'argent avaient produit une infinité d'officiers des eaux et forêts comme de toutes les autres sortes ; la guerre et les mêmes inventions leur ôtaient ou leur retranchaient leurs gages, dont on ne leur avait fait qu'une vaine montre, en établissant leurs offices. Ils s'en vengeaient et s'en payaient, mais avec usure, aux dépens des forêts qui leur étaient commises, et cela d'autant plus facilement que peu de personnes étaient intelligentes en ces matières, hors celles qui avaient part au crime et au profit. Il n'y avait sortes d'artifices dont ces officiers ne se fussent avisés, jusqu'à brûler exprès une partie des bois sur pied, pour avoir lieu de prendre le reste

> comme brûlé par accident. J'avais su et déploré cette désolation de mes forêts dès l'année précédente ; mais mille autres choses plus pressées m'empêchant d'y pourvoir entièrement, j'avais seulement empêché le mal de s'augmenter, en défendant qu'il ne se fît aucune vente jusqu'à ce que j'en eusse autrement ordonné. Cette année j'y apportai, par le règlement dont je vous ai parlé, deux remèdes principaux : l'un fut la réduction des officiers à un petit nombre qu'on pût payer de leurs gages sans peine, et sur lesquels il fût plus aisé d'avoir les yeux : l'autre fut la recherche des malversations passées, qui ne servait pas seulement d'exemple pour l'avenir, mais qui, par les restitutions considérables auxquelles ils furent condamnés, fournissaient en partie au remboursement des officiers supprimés, et rendait cette réduction également juste et facile (18).

Il se préoccupe aussi de la balance du commerce extérieur. Comme la Cour se couvre de dentelles, il regrette l'argent, le bon argent français qui prend le chemin de Florence ou d'Espagne. Un remède : achetez ce qui est français. Il faut aussi pour cela que la qualité française soit non seulement égale mais aussi supérieure à la qualité étrangère (1666) :

> J'eus encore un autre souhait qui regardait principalement les gens de condition. Je savais les sommes immenses qui se déboursaient par les particuliers et se portaient sans cesse hors de l'Etat par le commerce des dentelles des manufactures étrangères. Je voyais que les Français ne manquaient ni d'industrie ni d'étoffes pour faire eux-mêmes ces ouvrages, et je ne doutais point qu'étant faites sur

les lieux, elles ne se pussent donner à beaucoup meilleur prix que celles qu'on faisait venir de si loin. Sur ces considérations, je résolus d'en établir ici des fabriques, dont l'effet serait que les grands trouveraient de la modération dans leurs dépenses, que le menu peuple profiterait de tout ce que les riches dépenseraient, et que les grandes sommes qui sortaient de l'Etat y étant retenues, y produiraient sensiblement une richesse et une abondance extraordinaires ; outre que cela fournirait de l'occupation à plusieurs de mes sujets, qui jusqu'alors avaient été obligés ou de se corrompre ici dans l'oisiveté ou d'aller chercher de l'emploi chez nos voisins.

Cependant, comme les établissements les plus louables ne se font jamais sans contradiction, je prévis bien que les marchands de dentelles traverseraient celui-ci de tout leur pouvoir, parce que je ne doutais pas qu'ils trouvassent mieux leur compte à débiter des marchandises venues de loin et dont le juste prix ne pouvait être connu, que celles qui se feraient ici à la vue de tout le monde.

Mais je me résolus à retrancher par mon autorité toutes les chicanes qu'ils pourraient faire. Ainsi je leur avais donné un temps suffisant pour vendre ce qu'ils avaient de dentelles étrangères alors que mon édit fût publié. Et ce temps étant expiré, je fis saisir tout ce qui se trouva chez eux comme venu depuis mes défenses ; pendant que d'autre part, je faisais ouvrir des magasins remplis de la nouvelle fabrique, auxquels j'obligeais les particuliers de se fournir.

Cet exemple fit établir en peu de temps dans mon état beaucoup d'autres manufactures, comme de draps, de verres, de glaces, de bas de soie et de semblables marchandises (18).

Un bon administrateur ne compte pas qu'avec les marchandises. Il lui faut aussi veiller à ce qu'une partie de la population ne soit pas à la charge de l'autre. Point délicat et subtil : les ordres dits contemplatifs ne sont-ils pas en train de priver, par leur expansion, le pays d'hommes intelligents et laborieux dont la place est dans le siècle. Toute intervention dans ce domaine risque d'être très mal comprise. Le Roi ne s'y risque qu'avec une prudence qui, cependant, comme on le verra n'exclut pas la fermeté dans la décision (1667) :

> Je crus aussi qu'il était de la police générale de mon royaume de diminuer ce grand nombre de religieux, dont la plupart, étant inutiles à l'Eglise, étaient onéreux à l'Etat. Dans cette pensée, je me persuadai que, comme rien ne contribuait tant à remplir les couvents que la facilité que l'on apportait à y recevoir les enfants de trop bonne heure, il serait bon de différer à l'avenir le temps des vœux ; qu'ainsi les esprits irrésolus, ne trouvant pas sitôt la porte des cloîtres ouverte, s'engageraient, en attendant, en quelque autre profession, où ils serviraient le public ; que même la plus grande partie, se trouvant dans un établissement, y demeurait pour toujours, et formerait de nouvelles familles, dont l'Etat serait fortifié ; mais que l'Eglise même y trouverait son avantage, en ce que les particuliers, ne s'engageant plus dans les couvents sans avoir eu le loisir d'y bien penser, y vivraient après avec plus d'exemple.
>
> Mon conseil, auquel j'avais communiqué ce dessein, m'y avait plusieurs fois confirmé par ses suffrages ; mais, sur le point de l'exécution, je fus

arrêté par ces sentiments de respect que nous devons toujours avoir pour l'Eglise, en ce qui est de sa véritable juridiction, et je résolus de ne déterminer ce point que de concert avec le Pape. Et néanmoins, en attendant que je l'en eusse informé, je voulus empêcher le mal de croître par tous les moyens qui dépendaient purement de moi. Ainsi, je défendis tous les nouveaux établissements de monastères, je pourvus à la suppression de ceux qui s'étaient faits contre les formes, et je fis agir mon procureur général pour régler le nombre de religieux que chacun pouvait porter (18).

UN ROI DIPLOMATE

Dans ses Mémoires, Louis XIV s'est excusé d'avoir préféré acquérir que conquérir. Mais il s'agissait de la Lorraine et de Dunkerque dont nous verrons plus loin comment le Roi les joignit à la couronne. En 1662, un jeune monarque pouvait se permettre de regretter, en apparence du moins, des actions pas assez glorieuses et fort terre à terre. Quarante ans plus tard, ces excuses ne seront plus de mise. La France est dans une situation périlleuse et elle craint la guerre. Philippe V est depuis quelques mois à peine sur le trône d'Espagne. Une coalition antifrançaise est inspirée par le roi Guillaume. Partout où la succession d'Espagne a levé des inquiétudes, l'Angleterre travaille à les aggraver. Ainsi en 1701, l'empereur d'Autriche est-il persuadé par un habile entourage que les soulèvements de Hongrie sont machinés par les Français, et particulièrement par le marquis de Villars, ambassadeur à

Vienne. Villars a beau se conduire avec une prudence parfaite et rompre chaque fois qu'on le provoque, la situation est extrêmement tendue pour lui et les Français. Par courriers spéciaux, il tient le Roi au courant presque jour par jour de la situation « psychologique » ! Les réponses de Louis XIV sont des modèles de diplomatie, de ruse concrète et d'habileté temporisatrice :

De Versailles, le 9 mai 1701.

Monsieur le Marquis de Villars, vos lettres du 27 et du 29 du mois dernier m'ont été apportées par le courrier que vous m'avez dépêché. J'ai reçu en même temps par l'ordinaire celle que vous m'avez écrite le 23. Toutes deux m'ont informé des premiers mouvements que l'on prétend avoir découvert en Hongrie, des ordres que l'Empereur a donnés pour les apaiser, et de la manière dont ces ordres ont été exécutés. La conduite que vous avez tenue depuis que vous avez été à Vienne, doit en effet persuader que vous n'avez nulle part aux desseins des Hongrois : elle suffirait pour en convaincre, quand même on pourrait douter de l'éloignement que j'aurai toujours de favoriser des sujets rebelles à l'autorité légitime de leur Souverain. J'ai lieu de croire que l'Empereur ne peut douter de mes sentiments à cet égard ; mais en même temps il y a beaucoup d'apparence que les ministres de ce Prince seraient bien aises de fortifier les soupçons du peuple, et qu'ils croiraient rendre un service à leur maître de rejeter sur vous, dans la conjoncture présente, la haine d'une conspiration ou véritable, ou peut-être trop légèrement crue.

Comme ils savent certainement qu'il est impossible de trouver aucun prétexte pour y réussir, et que la conduite que vous avez toujours tenue vous met à couvert de tout soupçon, il paraît qu'ils souhaiteraient que vous puissiez y donner lieu par une fausse démarche. Je suis persuadé que c'est pour vous porter à la faire qu'on vous a donné les avis dont vous me rendez compte par le mémoire joint à votre lettre du 27. Car il est peu vraisemblable qu'un homme dans un poste de confiance voulût trahir le secret et hasarder sa vie. Il est plus apparent que ces avis vous auront été donnés par ordre des ministres de l'Empereur, pour vous obliger à vous retirer secrètement de Vienne, et pour faire croire, par cette évasion, qu'ayant eu part aux affaires de Hongrie, vous avez craint d'être arrêté, voyant toute la conspiration découverte.

Ainsi vous autoriseriez vous-même les faussetés dont on voudrait persuader le public. Comme il n'y a rien de plus opposé au bien de mon service, que d'appuyer par quelque démarche précipitée les artifices qu'on veut mettre en usage, je vous renvoie votre courrier pour vous instruire au plus tôt de mes intentions sur cette affaire : elles sont que vous demeuriez à Vienne, jusqu'à ce que je vous envoie des ordres précis d'en partir. Si la guerre se déclare, vous reviendrez d'assez bonne heure pour me servir dans l'armée où je vous ai destiné ; quand même vous n'y seriez pas au commencement de la campagne, je ne compterais pas moins les services que vous me rendriez ailleurs.

Secondement, si vous êtes parti de Vienne lorsque vous recevrez cette dépêche, comme je vois que vous l'auriez fait sous prétexte de quelque voyage prochain, et comme devant retourner incessamment, vous devez en effet y retourner immédiatement après avoir reçu ma lettre. J'ai cependant donné les ordres nécessaires pour empêcher que le comte de Zinzendorf ne se retire sans que j'en sois averti. Vous pouvez compter qu'il répondra de vous, et je fais dire au duc de Savoie que, s'il est en peine pour son ambassadeur, il conviendrait mieux de le retirer dès à présent, que d'attendre la déclaration de guerre.

A l'égard de l'autre avis qu'on vous a donné, il est trop important pour ne le pas approfondir autant qu'il vous sera possible de le faire. Bien des circonstances me font cependant douter de la vérité. Le duc de Medina-Sidonia a sujet d'être content et il le paraît. Je ne donnerai aucun ordre pour faire arrêter l'homme qu'on vous a nommé avant son retour à Vienne. Vous continuerez de faire ce que vous pourrez pour en découvrir davantage. Il est bien plus convenable que l'ambassadeur d'Espagne se retire dans l'électorat de Bavière, que d'attendre les ordres du roi d'Espagne dans les Etats de l'Empereur : rien n'y répond de la sûreté de sa personne.

J'ai reçu vos lettres du 16 et du 20 avril. Comme elles m'informent toutes des mouvements des troupes de l'Empereur, je n'ai point de nouveaux ordres à vous donner, que de continuer à m'informer de ce que vous apprendrez. Sur ce je prie Dieu qu'il vous ait, M. le Marquis de Villars, en Sa Sainte garde (30).

De Versailles, le 25 mai 1701.

Monsieur le Marquis de Villars,

J'ai reçu vos lettres du 4 et du 7 de ce mois. Toutes deux m'ont fait voir que vous n'avez omis aucune diligence pour découvrir plus particulièrement la vérité des avis secrets qu'on vous a donnés, la condition et le caractère de celui de qui vous les avez reçus ; enfin, pour approfondir si la confidence est sincère, ou s'il vous a été envoyé par quelque ministre de l'Empereur, pour vous engager à quelque fausse démarche dans la conjoncture présente. Cet artifice est si conforme au génie du comte de Mansfeldt, que je croirais aisément qu'il en est l'auteur et que celui dont vous avez reçu les avis, n'est point secrétaire du comte de Kaunitz. Il y a longtemps que vous m'avez écrit que vos lettres étaient déchiffrées et vues à Vienne avant qu'elles partissent : ainsi l'homme qui vous a parlé a voulu peut-être autoriser son rapport par cette circonstance, sachant bien toutefois qu'il ne vous apprenait rien qui ne fût depuis longtemps répandu dans le public.

La conduite du comte de Zinzendorf ne marque pas encore qu'il ait reçu l'ordre de partir secrètement. Enfin, je vois, par le compte que vous me rendez, que le but principal des avis qu'on vous a donnés a été de vous intimider et de vous obliger à confirmer, par un départ précipité, tout ce qu'on aurait voulu dire dans la suite au sujet des mouvements de Hongrie. On peut même croire que le comte de Kaunitz, différant à vous rendre la réponse de l'Empereur, attendait l'effet que produiraient les avis secrets qu'on vous avait fait donner.

Toutes ces circonstances font voir que vous avez très bien fait de ne vous point alarmer ni de ces avis ni des discours du peuple de Vienne, et il est important pour le bien de mon service que l'Empereur retire l'envoyé qu'il a auprès de moi avant que je vous rappelle. Vous avez bien fait aussi de refuser la garde que le comte d'Harrach vous a offerte. On aurait bientôt publié que l'Empereur, ayant découvert quelque intelligence secrète entre vous et les mécontents de Hongrie, se serait assuré de votre personne ; et cette nouvelle paraissant vraisemblable par la garde que vous auriez acceptée, eût produit de mauvais effets. Les choses ne peuvent demeurer longtemps en l'état où elles sont ; ainsi vous pouvez compter que je vous enverrai bientôt l'ordre de revenir ; mais il faut auparavant que l'Empereur ait donné un ordre au comte de Zinzendorf, il ne me convient pas d'être le premier à faire cette démarche.

J'ai fait dire au duc de Savoie, que s'il craignait quelque embarras à l'égard de son ambassadeur à Vienne, il devait le rappeler incessamment, et qu'il serait difficile que le comte de Zinzendorf pût servir d'otage et pour vous et pour lui (30).

Dans ses Mémoires, le Roi a donné un autre exemple de la prudence que doit observer un souverain sur les Affaires étrangères. Il s'agit ici d'affermir le trône de Pologne que des dissensions intérieures et des manœuvres étrangères (russes) compromettent. Comme chaque fois, Louis XIV donne son récit des faits, dévoile même quelques-unes de ses hésitations, puis en tire des conclusions générales, fort belles notamment sur la conduite que les puissances doivent observer à l'égard de leurs sujets. L'exorde est admirable d'intelligence et de politesse. La politesse du cœur parlait fort chez le roi des Français, en une époque où les Cours étaient souvent d'une grossièreté incroyable (1666) :

> La reine de Pologne n'avait pas moins d'affection pour la France et eût bien voulu faire tomber la couronne chancelante, qu'elle seule semblait soutenir par sa vertu, sur la tête d'un prince de ma maison. Mais ses affaires étaient alors en si mauvais état qu'il ne lui était pas facile de faire réussir ce dessein, si elle n'était puissamment assistée. Pour cela, j'avais résolu dans le commencement de cette année d'envoyer le prince de Condé en Pologne avec 500 chevaux et 6 000 hommes de pied, en cas que mes affaires le pussent permettre. Mais ayant été contraint, aussitôt après, de déclarer la guerre au roi d'Angleterre, je ne crus plus être en état d'exécuter ce projet : de quoi je donnai promptement avis à la reine de Pologne, lui envoyant en même temps par manière de consolation, une somme de 200 000 livres que je ne lui avais point fait espérer. Cela n'empêcha pas que vers la fin du mois de mai, elle m'envoyât un gentilhomme à ma Cour pour me demander de nouveaux secours. Mais prévoyant bien la difficulté qui se devait trouver à sa demande, elle avait fait expédier à celui qui venait deux différentes commissions, l'une de simple envoyé sous prétexte de me faire complimenter sur la mort de la Reine ma mère, et l'autre d'ambassadeur extraordinaire pour

me faire la demande dont je viens de vous parler, laissant au porteur la liberté de se servir de l'une ou de l'autre, selon l'espérance qu'il pourrait avoir du succès de sa négociation.

Dès lors que je fus informé de ces particularités, je voulus empêcher que le roi de Pologne ne fît éclater une célèbre ambassade pour ne rien obtenir. Et pour cela, je fis donner conseil à son ministre de ne paraître auprès de moi que comme envoyé. Mais soit qu'il voulût contenter sa vanité particulière par un titre plus éminent, ou qu'il s'imaginât en tirer pour son roi quelque autre avantage, il prit contre mon sentiment la qualité d'ambassadeur.

Je le reçus de ma part avec tous les honneurs accoutumés, quoique d'abord je fusse résolu à ne lui rien octroyer de ce qu'il demandait. Mais incontinent après, je ne pus m'empêcher de lui accorder une somme très importante. Car l'évêque de Béziers, mon ambassadeur, me fit savoir que l'armée de Lituanie, dans laquelle consistait tout ce qui restait de force et d'autorité au roi de Pologne, étant sur le point de se mutiner, il avait cru devoir même, sans mon ordre, s'engager à lui payer un quintal, c'est-à-dire une certaine portion de sa solde, et j'estimai que je ne devais pas désavouer une parole donnée par une si pressante raison : comme je reconnus en effet par la suite, parce que l'attachement que cette armée continua de témoigner au service de son prince, fut principalement ce qui contraignit ses sujets rebelles à rentrer dans l'obéissance qu'ils lui devaient.

Mais dans l'une des conférences que j'eus sur les affaires de ce royaume avec l'ambassadeur, il s'avisa de me demander brusquement si je désirais encore insister à l'élection que j'avais jusque-là désirée ou si j'étais résolu de me désister. La proposition était délicate d'elle-même, mais elle semblait le devenir encore davantage par l'humeur de celui qui la faisait. Car j'étais averti de bonne part que c'était un esprit très difficile. Ainsi j'avais lieu de craindre que, si je persistais dans le dessein de l'élection, cet homme chagrin ne se servît de ma réponse pour me brouiller avec les Etats de Pologne, qui avaient alors une entière répugnance à cette affaire, et si je déclarais que j'eusse intention de m'en désister, je voyais que c'était renoncer absolument à une prétention pour laquelle j'avais déjà fait des démarches et des dépenses très importantes.

C'est pourquoi rappelant à ce moment tout mon esprit pour former une réponse mitoyenne entre ces deux extrémités ; je lui dis que, dans l'état présent des affaires, je ne pensais nullement à poursuivre mon premier dessein et qu'il fallait attendre qu'elles eussent repris une meilleure assiette pour examiner s'il serait à propos de reprendre nos premières pensées : par lequel discours je crus ne pouvoir blesser ni l'humeur présente des Polonais ni l'espérance de la France.

Et sur cet événement, je prendrai sujet de vous faire observer combien il est important que les princes portent dans leurs propres têtes la meilleure partie de leur conseil et combien leurs paroles sont souvent importantes pour le succès ou la ruine de leurs affaires. Car enfin, quoique je vous parle ici continuellement des entretiens que j'ai avec les ministres étrangers, je ne prétendrais pas donner conseil indifféremment à tous ceux qui portent des couronnes de s'exposer à cette épreuve, sans avoir auparavant bien examiné s'ils sont capables d'en bien sortir. Et j'estime que ceux dont le génie est médiocre, font et plus honnêtement et plus sûrement de s'abstenir de cette fonction que d'y vouloir étaler leur faiblesse à la vue de leurs voisins et mettre en danger les intérêts de leurs provinces.

Beaucoup de monarques seraient capables de se gouverner sagement dans les choses où ils ont le temps de prendre conseil, qui ne seraient pas pour cela suffisants pour soutenir eux-mêmes leurs affaires contre des hommes habiles et consommés qui ne viennent jamais à eux sans préparation et qui cherchent toujours à prendre les avantages de leurs maîtres. Quelque notion que l'on puisse nous avoir donné du sujet qui se doit traiter, un ministre étranger peut à toute heure, ou par hasard ou avec dessein, nous proposer de certaines choses sur lesquelles nous ne sommes pas préparés. Et cependant ce qu'il y a de fâcheux, est que les fausses démarches que fait alors un souverain, ne peuvent être désavouées par lui qu'en avouant son incapacité, et portent infailliblement leur coup ou contre l'intérêt de son Etat ou contre sa propre réputation.

Mais ce n'est pas seulement dans les négociations importantes qu'un prince doit prendre garde à ce qu'il dit. C'est même dans les discours les plus ordinaires qu'il est le plus souvent en danger de faillir. Car il faut bien se garder de penser qu'un souverain, parce qu'il a l'autorité de tout faire, ait aussi la liberté de tout dire. Au contraire, plus il est grand et considéré, plus il doit considérer lui-même ce qu'il dit. Les choses qui ne seraient rien dans la bouche d'un particulier, deviennent souvent importantes par la seule raison que c'est le prince qui les a dites. Surtout la moindre marque de mépris qu'il donne d'un particulier, ne peut qu'elle ne porte à cet homme un préjudice très grand, parce que dans la Cour des princes chacun n'est estimé de ses pareils qu'à mesure qu'on le croit estimé du maître. Et de là vient que ceux qui sont offensés de la sorte, en portent ordinairement dans le cœur une plaie qui ne finit qu'avec la vie.

Deux choses peuvent consoler un homme d'une raillerie piquante ou d'une parole de mépris que son semblable a dite de lui : la première quand il se promet de trouver bientôt occasion de lui rendre la pareille ; et la seconde quand il peut se persuader que ce qu'on a dit à son désavantage ne fera pas d'impression sur ceux qui l'ont entendu. Mais celui de qui le prince a parlé, sent d'autant plus vivement son mal qu'il n'y voit aucun de ces remèdes. Car enfin s'il ose parler mal de son maître, ce n'est au plus qu'en particulier et sans pouvoir lui faire savoir ce qu'il en dit, qui est la seule douceur de la vengeance. Et il ne peut non plus se persuader que ce qui a été dit de lui n'a pas été écouté, parce qu'il sait avec quel agrément sont tous les jours reçues les paroles de ceux qui sont en autorité.

Ainsi je vous conseille, mon fils, très sérieusement de ne vous jamais rien permettre sur cette matière et de considérer que ces sortes d'injures non seulement blessent ceux qui les ont reçues, mais offensent même bien souvent ceux qui feignent de les entendre avec le plus d'applaudissement, parce que, quand ils nous voient mépriser ceux qui nous servent comme eux, ils craignent avec sujet que nous ne les traitions de même en une autre rencontre.

Car enfin vous devez poser pour fondement de toute chose que l'on ne pardonne rien à ceux de notre rang. Au contraire, il se trouve souvent des paroles très indifférentes et dites par nous sans aucun dessein, qui sont appliquées par ceux qui les entendent ou à eux-mêmes ou à d'autres auxquels souvent nous ne pensons pas. Et quoique à dire vrai, nous ne soyons pas obligés d'avoir égard en particulier à toutes les conjectures impertinentes, cela nous doit pourtant obliger en général à nous précautionner devantage dans nos paroles, pour ne pas donner du moins de raisonnable fondement aux pensées que l'on en pourrait former au désavantage de notre service (18).

UNE AFFAIRE D'HONNEUR

Tous les ambassadeurs, au cours du règne, ne reçurent pas les mêmes conseils de prudence que le marquis de Villars de la part d'un monarque susceptible. En 1661, le comte d'Estrades, notre représentant à Londres, avait été l'objet d'un affront assez semblable à celui que subit quelques années plus tard le duc de Créquy à Rome. Le Roi dans toute sa gloire neuve non seulement ne toléra pas l'offense, mais sut aussi en tirer un parti immense.

Le 10 octobre, à l'entrée d'un ambassadeur de Suède, l'ambassadeur d'Espagne, le baron de Vatteville, avait prétendu former une concurrence de rang entre les ministres du roi et les miens ; et que sur cette vision, ayant sous main et à force d'argent disposé les choses à une sédition populaire, il avait osé faire arrêter le carrosse du comte d'Estrades, mon ambassadeur, par une troupe de canaille armée, tué les chevaux à coups de mousquet, et l'avait empêché enfin de marcher en sa véritable place. Vous jugerez de mon indignation par la vôtre même, car je ne doute pas, mon fils, que vous n'en soyez ému encore en lisant ceci, et ne vous trouviez aussi sensible que je l'ai toujours été à l'honneur d'une couronne qui vous est destinée.

Ce qui me blessait davantage, c'est que je ne pouvais regarder cette offense comme l'effet d'une querelle prise sur-le-champ, où le hasard eût plus de part que le dessein. C'était au contraire une résolution faite de longue main, et dont ce ministre avait voulu flatter sa vanité et celle de sa nation. Il avait été très mortifié du mariage de Portugal, qu'il n'avait pu empêcher, quoiqu'il eût formé pour cela une grande cabale dans Londres, et des personnes les plus considérables de la Cour, jusqu'à irriter le roi lui-même par ce procédé. L'argent qu'il avait demandé en Espagne pour rompre ce coup était arrivé, mais trop tard. Et ne se pouvant apparemment dégager de ses partisans, à qui il l'avait fait espérer, il cherchait du moins à employer cette dépense en quelque chose d'éclat qui pût faire honneur au roi son maître.

Avec ce dessein, quelque temps auparavant, dans une occasion toute semblable, qui était l'entrée d'un ambassadeur extraordinaire de Venise, il avait fait dire à d'Estrades, que pour conserver l'amitié entre les rois leurs maîtres, et pour imiter le cardinal Mazarin et don Louis de Haro qui, à l'île de la Conférence, avaient, disait-il, partagé toutes ces choses, la terre, l'eau et le soleil, il serait d'avis qu'ils n'envoyassent ni l'un ni l'autre, leurs carrosses au-devant de cet ambassadeur : sur quoi n'ayant reçu qu'un refus bien formel, et d'Estrades lui ayant protesté au contraire qu'il entendait y envoyer et y conserver son rang, il témoigna de son côté la même chose, et qu'il enverrait aussi son carrosse, à moins, ajouta-t-il, que l'ambassadeur eût pris le même parti que d'autres ambassadeurs extraordinaires, qui était de ne notifier son arrivée et son entrée à personne, auquel cas personne n'était obligé de s'y trouver. Là-dessus ayant fait venir le résident de Venise, qui était son ami, et avec qui il était déjà d'accord, ce résident confirma que l'ambassadeur voulait imiter le prince de Ligne, qui étant aussi ambassadeur quelque temps auparavant, avait cru se distinguer avantageusement des ambassadeurs ordinaires en ne notifiant son arrivée à qui que ce soit.

Le roi d'Angleterre, qui n'avait autre intérêt en cette dispute que d'empêcher toute sorte de bruit et d'émotion dans sa ville capitale, et qui était sollicité par Vatteville, n'eut pas de peine à intervenir ensuite, et à faire prier mon ambassadeur et tous les autres de ne point envoyer à l'entrée de celui de Venise, qui aussi ne le désirait pas, puisqu'il ne les en faisait point avertir : en un mot, on en usa ainsi pour cette fois. J'en fus très irrité aux premiers bruits qui m'en vinrent assez confusément : il me semblait que le roi d'Angleterre, qui alors me témoignait beaucoup d'amitié, avait eu tort de se mêler de ce différend ; que d'Estrades devait se défendre non seulement de ses prières, mais de ses ordres exprès, s'il en avait envoyé, et répondre qu'un ambassadeur ne recevait aucun ordre que de son maître, enfin, de se retirer plutôt que de consentir à cet expédient qui me paraissait honteux.

Mais je n'eus rien à dire quand j'appris par ses lettres ce qui s'était passé, et que le roi n'avait ajouté que sa simple prière à la résolution déjà prise par l'ambassadeur de Venise, qui, dans l'ordre commun, devait empêcher tous les autres d'envoyer au-devant de lui ; et j'avais moins de sujet de m'en plaindre que personne, parce que, dans ma propre Cour, j'avais pratiqué et comme inventé cet expédient, peu de temps auparavant, pour éviter la concurrence de quelques ambassadeurs, à la vérité mieux fondée que celle qu'on voulait établir entre l'Espagne et la France.

Mais je voyais à quoi allait la subtilité des Espagnols, et que par des négociations semblables avec les ambassadeurs qui entreraient à l'avenir, sur le prétexte toujours plausible d'éviter un désordre, ils tâcheraient de faire oublier une préséance qui m'appartient si légitimement. J'en étais en possession par toute l'Europe, et surtout à Rome, où les gardes même du pape ont été quelquefois employés à la conserver à mes prédécesseurs ; et ni là, ni à Venise, les ambassadeurs d'Espagne ne se trouvaient plus depuis longtemps aux cérémonies publiques où les miens assistaient. En nul temps, et même dans le plus florissant état de leur monarchie, elle n'est venue à bout d'établir l'égalité où elle aspirait. Et quand mes prédécesseurs, occupés par leurs troubles domestiques, se sont le plus relâchés sur ce sujet, tout ce que ses ministres ont pu faire, a été d'usurper, comme au concile de Trente, quelque rang bizarre, qui n'étant ni le premier, ni égal au premier, pût passer dans leur imagination pour n'être pas le second, quoiqu'il le fût en effet.

Ainsi je ne pouvais digérer de voir mon droit

éludé par l'artifice de Vatteville, et cet artifice souvent répété pouvait former à la fin non seulement la prétention, mais presque la possession d'un droit contraire. Au point où j'avais déjà porté la dignité du nom français, je ne pensais pas la devoir laisser à mes successeurs moindre que je ne l'avais reçue. Et me souvenant que dans les matières d'Etat il faut quelquefois couper ce qu'on ne peut dénouer, je mandai nettement à d'Estrades, qu'à la première entrée d'ambassadeur, soit ordinaire, soit extraordinaire, soit qu'elle eût été notifiée ou non, il ne manquât pas de lui envoyer son carrosse, et de lui faire prendre et conserver le premier rang.

Il se mit en état de m'obéir à cette entrée de l'ambassadeur de Suède qui, à la vérité, lui avait notifié d'abord son arrivée, et le jour qu'il entrerait, mais qui, depuis, à la sollicitation des Espagnols, et peut-être du roi d'Angleterre même, l'avait fait prier de ne point envoyer au-devant de lui, comme ayant changé d'avis, et voulant en user de même que les derniers ambassadeurs extraordinaires. A cela, d'Estrades, instruit auparavant par mes lettres, répondit que l'alliance et l'amitié étroite qui étaient entre la France et la Suède ne lui permettaient pas de manquer à ce devoir, sans que je le trouvasse mauvais. Mais encore qu'il eût rassemblé tous les Français qui se trouvaient à Londres, qu'il eût fait venir de Gravelines, dont il était gouverneur, quelques officiers de son régiment et quelques cavaliers de la compagnie de son fils, que tout cela ensemble pût aller à quatre ou cinq cents hommes, que ceux qui accompagnaient son carrosse, ou ceux qui devaient le soutenir, et le marquis d'Estrades son fils qui était à leur tête, fissent tout ce que pouvaient de braves gens à un pareil tumulte, il ne leur fut pas possible de l'emporter sur une multitude infinie de peuple, déjà naturellement mal disposé contre les Français, mais encore alors excité par les émissaires de Vatteville qui, si on m'a dit la vérité, avait armé plus de deux mille hommes, et employé près de cinq cent mille livres à cette belle entreprise.

Le roi d'Angleterre, qui s'était secrètement engagé à d'Estrades de me conserver mon rang, avait fait publier, quelques jours devant, des défenses à tout sujet de prendre aucun parti, ni pour l'un, ni pour l'autre, et placé ses gardes en divers lieux de la ville pour empêcher ce qui arriva. Mais il n'en fut pas le maître ; et tout ce qu'il put faire, fut d'apaiser le tumulte après plusieurs personnes tuées et blessées de part et d'autre, et presque autant du côté des Espagnols que des Français.

Cependant, ils croyaient déjà avoir défait mes armées par ce misérable avantage, qui leur coûta encore plus dans les suites qu'il n'avait fait jusqu'alors : mais ils changèrent d'avis quand ils virent de quelle sorte je ressentais cet outrage, et ce que j'étais capable de faire pour le réparer. Aussitôt après en avoir reçu la nouvelle, je fis commander au comte de Fuensaldagna, leur ambassadeur, de sortir incessamment du royaume, sans me voir, ni les reines, le chargeant de plus d'avertir le marquis de Fuentès, qui venait d'Allemagne pour prendre sa place, qu'il eût à ne point entrer dans mes Etats. Je révoquai le passeport que j'avais donné au marquis de Caracena, gouverneur de Flandre, pour passer par la France, en se retirant en Espagne ; j'ordonnai au gouverneur de Péronne de le lui faire savoir de ma part. Je mandai aux commissaires que j'avais nommés pour l'exécution de la paix de surseoir et de rompre tout commerce avec ceux du Roi Catholique. Je dépêchai en diligence à Madrid l'un des gentilshommes ordinaires de ma maison, avec ordre à l'archevêque d'Embrun, mon ambassadeur, de demander une punition personnelle et exemplaire de Vatteville, et une réparation non seulement proportionnée à l'offense, mais aussi qui m'assurât à l'avenir que les ministres d'Espagne ne feraient plus de pareilles entreprises sur les miens. Je lui commandai enfin de déclarer hautement que je saurais bien me rendre à moi-même la justice qui m'était due, si on me la refusait. Je fis aussi faire instance par d'Estrades auprès du roi d'Angleterre, pour le châtiment des coupables, et lui ordonnai ensuite de se retirer de cette Cour, comme d'un lieu où il ne pouvait plus être ni avec sûreté, ni avec dignité et bienséance, jusqu'à la réparation de cet attentat.

Il ne fut pas difficile de persuader à tout le monde, par ces démonstrations, ce qui était en effet dans le fond de mon cœur. Car il est vrai que j'aurais porté jusqu'aux dernières extrémités un ressentiment aussi juste que celui-là, et que même dans ce mal j'aurais regardé comme un bien le sujet d'une guerre légitime, où je pusse acquérir de l'honneur en me mettant à la tête de mes armées.

La Cour d'Espagne n'était pas dans des sentiments pareils : mais elle se confiait en l'art de négocier où cette nation croit être la maîtresse des autres. Don Luis de Haro, qui était sur la fin de sa vie, sentant la faiblesse de l'Etat et la sienne propre, ne craignait rien tant que cette rupture. Il cherchait seulement, par des conférences longues et réitérées avec mon ambassadeur, à gagner du temps en cette affaire, s'imaginant que tout y deviendrait plus facile, après qu'on aurait laissé passer la première chaleur. Il fut bien surpris quand il vit que les choses avaient changé de face entre la France et l'Espagne : car au traité des Pyrénées, c'était le cardinal Mazarin qui tâchait de le persuader par des raisonnements auxquels il répondait toujours en deux mots par des ordres précis de son roi et du conseil d'Espagne, qu'il ne pouvait ni n'osait passer ; ici, au contraire, c'était lui qui raisonnait et mon ambassadeur qui tenait ferme sur mes ordres précis, l'obligeant continuellement à descendre à des soumissions très fâcheuses.

Il mourut là-dessus. Je me servis de la conjoncture : je pris pour déjà décidées, avec des ministres nouveaux et encore incertains de leur conduite, toutes les conditions qui lui avaient seulement été proposées, pour avoir encore moyen de leur en demander d'autres. Chacun de mes courriers portait des ordres plus durs et plus pressants, et le conseil d'Espagne, voyant que tous les instants de délai rendaient sa condition plus mauvaise, se hâta lui-même de conclure aux conditions que je désirais.

Déjà, pour commencer à me satisfaire, on avait rappelé Vatteville et on l'avait relégué à Burgos, sans lui permettre d'aller à la Cour, le punissant d'une faute qu'il n'avait peut-être pas faite sans aveu, mais où il avait plus de part que personne, par la facilité que trouvent toujours les ministres d'un prince en pays étranger à faire agréer de loin à leurs maîtres les entreprises qu'ils proposent comme glorieuses et aisées tout ensemble.

On régla outre cela par écrit une réparation publique qui fut ponctuellement exécutée ensuite, comme on me l'avait promis, et dont le procès-verbal a été publié, signé de mes quatre secrétaires d'Etat. Je crois nécessaire de vous en rapporter la substance : car encore que j'écrive ici les affaires de 1661, et que cette satisfaction ne m'ait été faite que le 4 mai 1662, je vous ai dit ailleurs que je n'entends pas suivre si précisément l'ordre des dates, quand il s'agit de rassembler sur une même matière tout ce qui lui appartient. Le comte de Fuensaldagna, ambassadeur extraordinaire du Roi Catholique, se rendit au Louvre dans mon grand cabinet, où étaient déjà le nonce du pape, les ambassadeurs, résidents et envoyés de tous les princes qui en avaient alors auprès de moi, avec les personnes les plus considérables de mon Etat. Là, m'ayant premièrement présenté la lettre qui le déclarait ambassadeur, il m'en rendit une seconde, en créance de ce qu'il me dirait sur cette affaire de la part du roi son maître. Ensuite il me déclara que Sa Majesté Catholique n'avait pas été moins fâchée et moins surprise que moi de ce qui s'était passé à Londres ; et qu'aussitôt qu'elle en avait eu avis, elle avait ordonné au baron de Vatteville, son ambassadeur, de sortir d'Angleterre et de se rendre en Espagne, le révoquant de l'emploi qu'il avait, pour me donner satisfaction, et témoigner contre lui le ressentiment que méritent ses excès ; qu'elle lui avait aussi commandé de m'assurer qu'elle avait déjà envoyé ses ordres à tous ses ambassadeurs et ministres, tant en Angleterre qu'en toutes les autres Cours où se pourraient présenter à l'avenir de pareilles difficultés, afin qu'ils s'abstinssent et ne concourussent point avec mes ambassadeurs et ministres, en toutes les fonctions et cérémonies publiques où les ambassadeurs et ministres assisteraient.

Je lui répondis que j'étais bien aise d'avoir entendu la déclaration qu'il m'avait faite de la part du roi son maître, parce qu'elle m'obligerait de continuer à bien vivre avec lui. Après quoi, cet ambassadeur s'étant retiré, j'adressai la parole au nonce du pape et à tous les ambassadeurs, résidents et envoyés qui étaient présents, et leur dis qu'ils avaient entendu la déclaration que l'ambassadeur d'Espagne m'avait faite, que je les priais de l'écrire à leurs maîtres, afin qu'ils sussent que le Roi Catholique avait donné ordre à ses ambassadeurs de céder la préséance aux miens en toutes sortes d'occasions (18).

UNE AFFAIRE D'ARGENT

L'ACQUISITION de la Lorraine et de Dunkerque en 1662 furent, sans doute, les deux plus brillantes affaires de tout le règne. Sans risquer un homme, sans heurter l'opinion européenne toujours prête à se dresser contre la France, Louis XIV réussit une opération qui le classe comme un diplomate adroit et rusé et comme un homme qui sait la valeur de l'argent. Il a raconté l'histoire de ces deux traités dans les Mémoires avec une si évidente satisfaction de sa roublardise qu'on ne peut s'empêcher d'en sourire.

Je fis, cette année, par deux divers traités, deux acquisitions très considérables, celle de la Lorraine et celle de Dunkerque. Je les joins ici ensemble, mon fils, pour votre instruction, comme deux objets de même nature, quoique les traités aient été conclus et signés à quelques mois l'un de l'autre.

La situation de la Lorraine ne me permettait pas de douter qu'il ne me fût très avantageux d'en être le maître, et me le faisait souhaiter. C'était un passage à mes troupes pour l'Allemagne, pour l'Alsace, et pour quelque autre pays qui m'appartenait déjà, une porte jusqu'alors ouverte aux étrangers pour entrer dans nos Etats. C'était le siège d'une puissance voisine peu capable, à la vérité, d'inquiéter par elle-même un roi de France, mais prenant part de tout temps à toutes les brouilleries du royaume ; toujours prête à se lier avec les mécontents, et à les lier avec d'autres princes plus éloignés ; et s'il fallait ajouter l'honneur à l'utilité, c'était l'ancien patrimoine de nos pères, qu'il était beau de rejoindre au corps de la monarchie dont il avait été si longtemps séparé.

Il m'était aisé d'acquérir ce pays par les armes ; et la conduite du duc, toujours inquiet et inconstant, et ne tenant aucun compte de traités ni de promesses, ne m'en fournissait pas seulement des prétextes honnêtes, mais même d'assez légitimes sujets. Mais au fond c'était interrompre la paix de l'Europe : ce que je ne voulais pas faire alors sans une absolue nécessité. Le traité des Pyrénées donnait lieu aux autres potentats de s'intéresser dans cette querelle ; et la présomption qui est toujours contre le plus fort, pour peu que mon procédé eût été douteux, m'aurait fait accuser d'injustice et de violence.

D'un autre côté, on avait peine à comprendre qu'il fût possible d'en venir à bout par négociation et par traité. Comme il est vrai qu'on persuade difficilement à un prince libre et maître de ses actions une affaire telle que celle-là, son consentement même semble ne pas suffire sans celui des autres intéressés, c'est-à-dire de tous ceux qui ont droit à succession. A moins enfin que le traité ne soit bien solennel et bien authentique, à moins qu'il n'ait un grand fondement d'équité, on pourrait douter encore si les successeurs des successeurs, quoiqu'ils soient alors à naître, n'ont point droit de réclamer quelque jour contre le préjudice qu'on leur a fait. J'avais donc toutes ces difficultés à considérer, qui faisaient croire à une partie de mes ministres, qu'il n'y avait rien à espérer de ce dessein.

Mais il y a grande différence, mon fils, entre les lumières générales sur les choses et la connaissance particulière des temps, des circonstances, des personnes et intérêts. Je conaissais le duc de Lorraine pour un prince à qui son inquiétude naturelle rendait toutes les nouveautés agréables, fort attaché à l'argent, sans nuls enfants légitimes, avide d'amasser des trésors, et soigneux de les cacher en divers lieux de l'Europe, soit par la confiance qu'il y prenait lui-même dans ses diverses fortunes, soit pour enrichir quelque jour ses enfants naturels qu'il aimait. Il était maître de nom plutôt que d'effet d'un pays désolé par la guerre, où il ne tenait aucune place de considération, et par là même plus disposé à céder ce qu'il aurait en tout temps beaucoup de peine à défendre.

Quant à ceux de son sang et de sa maison, je savais la passion qu'ils avaient d'être tenus pour nos parents du côté de Charlemagne ; qu'en leur donnant quelque prérogative qui pût flatter cette prétention, on en obtiendrait toute chose ; qu'au fond leur maison était assez illustre pour être considérée, après la nôtre, au-dessus de toutes les autres dans l'Etat, surtout si l'Etat en pouvait recevoir dès lors même quelque grand et insigne avantage, comme de leur côté ils en recevaient un très grand et très glorieux par une pareille distinction.

Il manquait une occasion bien naturelle pour proposer ce que j'avais dans l'esprit, et elle se présenta d'elle-même plus favorable que je n'eusse osé l'espérer. Le prince Charles, neveu du duc, et le plus intéressé dans cette affaire comme son héritier présomptif, peu content de lui, et tenant pour suspecte l'affection qu'il témoignait à ses enfants naturels, voulait alors s'engager à un mariage avec mademoiselle de Nemours, maintenant duchesse de Savoie, principalement par l'espérance de ma protection, et qu'après la mort de son oncle, je le maintiendrais envers et contre tous dans les Etats qui lui devaient revenir.

Le duc, irrité et jaloux de la liaison que ce jeune prince tâchait de prendre avec moi, laissa échapper, dans son dépit, quelques paroles qui pouvaient être expliquées suivant mon dessein et qu'on me rapporta. Je travaillai sur l'heure même à en profiter, de peur que, son chagrin passé, il ne changeât de pensée : ce qui lui était ordinaire même en des choses bien moins importantes. Lionne, que je chargeai de la négociation, me rendait compte, de temps à autre, de ce qui s'y passait ; je poussai l'affaire si vivement, qu'elle fut entièrement résolue bientôt après.

Le duc, par un traité que nous signâmes le 6 février, me fit une cession de tous ses Etats, à la réserve de l'usufruit durant sa vie, que je lui faisais valoir pour le revenu jusqu'à sept cent mille livres, sans rien augmenter aux impositions. Je lui donnais de plus cent mille écus de rente, qu'il pouvait faire passer au comte de Vaudemont, son fils naturel, ou à telle autre personne qu'il lui plairait : savoir, cent mille livres sur une de mes fermes, et deux cent mille en terres, dont il y en avait une portant titre de duché et de pairie. Je me chargeais de toutes les dettes du duc, ou de ses prédécesseurs, auxquels ces trois cent mille livres de rente pourraient être hypothéquées, moyennant l'hôtel de Lorraine qu'il m'abandonnait en propriété.

Je donnai enfin à ceux de la maison de Lorraine le privilège de princes après les derniers princes de mon sang, avec tous les droits que ce rang leur pourrait acquérir à l'avenir, plus éloignés sans doute, mais aussi, sans comparaison, plus grands que ceux dont ils se départaient pour eux et pour les leurs en consentant à ce traité. Mais j'étais d'accord avec le duc que pas un d'eux ne s'en pourrait prévaloir qu'ils ne l'eussent tous signé, et que cette condition serait ajoutée ; comme elle le fut dans l'enregistrement au Parlement, où je le portai moi-même le 27 du même mois de février.

Mais à dire la vérité, je ne hasardais rien pour une affaire dont je pouvais espérer de grandes suites. Le duc était du moins lié en son particulier par ce traité, obligé par là à vivre avec moi dans une plus grande dépendance : ce qui était toujours beaucoup. Ceux de sa maison, s'ils consentaient tous, établissaient tellement mon droit pour l'avenir, que la plus grande rigueur des lois ordinaires n'y pouvait rien trouver à redire : car ils quittaient seulement des droits incertains pour d'autres droits, mais sans comparaison plus grands et si illustres qu'ils s'en devaient tenir éternellement honorés. Quelqu'un de ceux qui, pour être plus proches de la succession, la regardaient comme présente, pouvait bien refuser de signer, mais en ce cas-là je n'étais engagé à rien pour les autres que je mettais par là même dans mes intérêts. Il me restait seulement un traité personnel avec le duc, qui subsistant à mon profit me donnait lieu de gagner peu à peu par d'autres avantages, généralement, tous les intéressés, en mille conjonctures que le temps pouvait produire.

Ce traité fut rendu public et enregistré au Parlement, avec la condition que j'ai dite, par le consentement de tous ceux de la maison de Lorraine, excepté du prince Charles, qui se retira de ma Cour aussitôt qu'il vit la chose arrêtée, et me donna lieu de suspendre à tous les autres la jouissance des privilèges de prince du sang. Il est encore incertain, quand j'écris ces Mémoires, quels seront un jour à cet égard les avantages de ce traité pour moi, mais vous avez vu du moins qu'il ne me pouvait être nuisible.

L'acquisition de Dunkerque n'était pas de si grande étendue, mais elle était d'une importance non moindre et d'une utilité plus certaine. Peu de personnes ont su par quelle suite d'affaires cette place si considérable était passée entre les mains des Anglais, durant le ministère du cardinal Mazarin. Il faut pour cela remonter jusqu'à ma minorité et aux factions qui obligèrent deux fois ce ministre à sortir du royaume. Cromwell à qui le génie, les occasions et le malheur de son pays avaient inspiré des pensées fort au-dessus de sa naissance, au commencement simple officier dans les troupes rebelles du Parlement, puis général, puis Protecteur de la République, et désirant en secret la qualité de roi qu'il refusait en public, enflé par le bon succès de la plupart de ses entreprises, ne voyait rien de si grand, ni au-dedans, ni au-dehors de son île, à quoi il ne pensât pouvoir prétendre ; et bien qu'il ne manquât pas d'affaires chez lui, il regarda les troubles de mon Etat comme un moyen de mettre le pied en France par quelque grand établissement : ce qui lui était également avantageux, soit que la puissance royale se confirmât en sa personne et en sa famille, soit que le caprice des peuples et la même fortune qui l'avaient élevé si haut entreprissent de le renverser.

Il savait de quelle sorte presque tous les gouverneurs des places et des provinces traitaient alors avec le cardinal Mazarin, et qu'à peine y avait-il de fidélité parmi mes sujets, qu'achetée à prix d'argent ou par des récompenses d'honneur, telles que chacun s'avisait de les souhaiter. Il dépêche le colonel de ses gardes au comte d'Estrades, gouverneur de Dunkerque, il l'exhorte à considérer l'état des choses pour en tirer ses avantages particuliers, lui offre jusqu'à deux millions payables à Amsterdam ou à Venise, s'il veut lui livrer la place, et ne faire jamais de paix avec la France sans obtenir pour lui les dignités et les établissements où il peut aspirer. Il ajoute que les affaires du cardinal, son bienfaiteur, et qui l'avait mis dans ce poste, sont désespérées, n'y ayant pas d'apparence que ce ministre, dont on avait mis la tête à prix, puisse par ses propres forces revenir ni dans le ministère, ni dans l'Etat ; qu'il ne le soutiendra pas seul avec Dunkerque, mais périra avec lui. Si toutefois il veut porter son affection et sa reconnaissance pour lui jusqu'au bout, qu'il prenne cette occasion de le servir utilement par la seule voie peut-être que sa bonne fortune lui ait laissée de reste ; qu'il peut offrir au cardinal, avec la même condition de remettre Dunkerque aux Anglais, non seulement les deux millions, mais aussi tels secours de troupes qui lui seront nécessaires pour rentrer en France ; qu'il se fera par là, auprès de lui, un mérite après lequel, si ce ministre est rétabli, il n'y a rien qu'il n'en doive espérer.

D'Estrades, par une conduite très louable, après avoir obligé cet envoyé à lui faire ces propositions dans un conseil de guerre, et ensuite à les signer, le renvoie à Cromwell avec sa réponse : il se plaint qu'on l'ait cru capable d'une infidélité, ni de rendre cette place par d'autres ordres que les miens ; que tout ce qu'il peut c'est de me proposer à moi-même la condition de deux millions, et en même temps celle d'une étroite alliance avec moi par laquelle le Protecteur s'engage à rompre sur mer et sur terre avec les Espagnols ; à me fournir dix mille hommes de pieds et deux mille chevaux pour leur faire la guerre en Flandre ; à entretenir cinquante navires de guerre sur les côtes, durant les six mois de l'été, et une escadre de quinze durant l'hiver, pour croiser la mer, agissant de concert suivant les desseins qu'on pourrait former ensemble.

Cromwell accepta ces propositions qui me furent aussitôt envoyées par d'Estrades à Poitiers où j'étais, et n'arrivèrent que deux jours après le retour du cardinal Mazarin. Ce ministre les trouva très avantageuses, ayant pour maxime de pourvoir, à quelque prix que ce fût, aux affaires présentes, et persuadé que les maux à venir trouvaient leur remèdes dans l'avenir même. Mais le garde des sceaux Châteauneuf, qu'on avait été obligé de rappeler durant ces troubles, l'emporta contre lui dans le conseil et auprès de la reine ma mère, et les fit absolument rejeter. Cromwell, ayant reçu cette réponse, signa le même jour un traité avec les Espagnols, leur fournit dix mille hommes et vingt-cinq vaisseaux pour le siège des Gravelines et de Dunkerque, qui par ce moyen furent prises sur moi en la même année, l'une à la fin de mai, l'autre au 22 septembre, mais au profit des Espagnols seulement.

Cependant mon autorité s'étant affermie dans le royaume, et les factions qu'ils y fomentaient étant absolument dissipées, ils furent réduits quelque temps après à ne pouvoir soutenir que difficilement l'effort de mes armes en Flandre. Cromwell qui ne s'était lié avec eux que pour cette entreprise particulière, et qui avait toujours augmenté depuis en pouvoir et en considération dans toute l'Europe, se voyait également recherché de leur côté et du mien ; ils le regardèrent comme l'unique ressource à leurs affaires de Flandre, et moi comme l'unique obstacle à leurs progrès, en un temps où je voyais la conquête entière de ces provinces presque certaine, si on ne m'accordait tout ce que je pouvais souhaiter pour la paix. Lui, qui n'avait pas oublié son premier dessein de s'acquérir un poste considérable au-deçà de la mer, ne voulant se déterminer qu'à cette condition, proposait en même temps aux Espagnols de se joindre à eux dans cette guerre, d'assiéger Calais qui lui demeurerait, ce qu'ils étaient près d'accepter avec joie, et à moi d'assiéger Dunkerque et de le lui remettre.

Le cardinal Mazarin, à qui cette ouverture n'était pas nouvelle, et qui l'avait approuvée autrefois lors même que Dunkerque était au pouvoir des Français, s'en trouva sans doute moins éloigné. Et bien que j'y eusse beaucoup de répugnance, je m'y rendis enfin, non seulement par le cas que je faisais de ses conseils, mais aussi par les avantages essentiels que j'y trouvais pour la guerre de Flandre, et par la nécessité de choisir de deux maux le moindre, ne voyant pas de comparaison, puisqu'il fallait nécessairement voir les Anglais en France, entre les y voir mes amis ou mes ennemis, ni entre m'exposer à perdre Calais que j'avais, ou leur promettre Dunkerque que je n'avais pas encore.

Ce fut donc par cet accommodement, qu'après avoir repris Dunkerque, je le leur remis entre les mains, et il ne faut point douter que leur union avec moi ne fût comme le dernier coup qui mit l'Espagne hors d'état de se défendre, et qui produisit une paix si glorieuse et si avantageuse pour moi.

J'avoue pourtant que cette place au pouvoir des Anglais m'inquiétait beaucoup. Il me semblait que la religion catholique y était intéressée. Je me souvenais qu'ils étaient les anciens et irréconciliables ennemis de la France, dont elle ne s'était sauvée autrefois que par un miracle ; que leur premier établissement en Normandie nous avait coûté cent ans de guerre, et le second en Guyenne, trois cents ans, durant lesquels la guerre se faisait toujours au milieu du royaume à nos dépens, de sorte qu'on s'estimait heureux quand on pouvait faire la paix et renvoyer les Anglais chez eux avec de grosses sommes d'argent pour les frais qu'ils avaient faits, ce qu'ils regardaient comme un revenu ou un tribut ordinaire.

Je n'ignorais pas que les temps étaient fort changés ; mais, parce qu'ils pouvaient encore changer d'une autre sorte, j'étais blessé de cette seule pensée que mes successeurs les plus éloignés me pussent reprocher quelque jour d'avoir donné lieu à de si grands maux, s'ils pouvaient jamais y retomber ; et sans passer même à ces extrémités, sans aller si loin dans le passé ou dans l'avenir, je savais combien la seule ville de Calais, qui leur était demeurée la dernière, avait coûté de sommes immenses aux Français, par les ravages ordinaires de la garnison, ou par les descentes qu'elle avait facilitées, ce poste, ni pas un autre dans mon royaume, ne pouvant d'ailleurs être à eux sans être en même temps un asile ouvert aux mutins, et sans fournir à cette nation des intelligences dans tout le royaume, surtout parmi ceux qu'un intérêt commun de religion liait naturellement avec elle. Peut-être qu'en donnant Dunkerque je n'avais point trop acheté la paix des Pyrénées et les avantages qu'elle m'apportait. Mais après cela il est certain que je ne pouvais trop donner pour racheter Dunkerque : ce que j'étais bien résolu dès lors, mais qui à la vérité était difficile à espérer.

Cependant, comme pour venir à bout des choses, le premier pas est de les croire possibles, dès l'année 1661, renvoyant d'Estrades en Angleterre, je le chargeai très expressément d'étudier avec soin tout ce qui pourrait servir à ce dessein, et d'en faire son application principale.

Le roi d'Angleterre, nouvellement rétabli, avait un extrême besoin d'argent pour se maintenir. Je savais que par l'état de son revenu et sa dépense il demeurait toujours en arrière de deux ou trois millions par an, et c'est le défaut essentiel de cette monarchie, que le prince n'y saurait faire de levées extraordinaires sans le Parlement, ni tenir le Parlement assemblé sans diminuer d'autant son autorité qui en demeure quelquefois accablée, comme l'exemple du roi précédent l'avait assez fait voir.

Le chancelier Hyde avait toujours été assez favorable à la France ; il sentait alors diminuer son crédit dans l'esprit du roi, quoiqu'on ne s'en aperçût point encore, et voyait dans l'Etat une puissante cabale qui lui était opposée : ce qui l'obligeait d'autant plus à se faire des amis et protecteurs au-dehors. Toutes ces raisons ensemble le disposaient à me faire plaisir, quand mes intérêts pourraient s'accorder avec ceux du roi son maître.

D'Estrades, exécutant mes ordres, et se servant adroitement de l'accès libre et familier qu'il avait depuis longtemps auprès de ce prince, n'eut pas de peine dans les conversations ordinaires à le faire tomber sur Dunkerque. Le roi, qui disait alors qu'il en voulait faire sa place d'armes, l'entretenait volontiers de ce dessein, comme un homme qui pourrait lui donner des lumières utiles en ayant été longtemps gouverneur. Pour lui, approuvant tout, il faisait seulement remarquer quelques incommodités dans la situation des lieux, et surtout la grande dépense dont cette place avait besoin nécessairement pour l'entretenir et la garder, jusque-là que le cardinal Mazarin qui la connaissait par l'expérience du passé, avait douté plusieurs fois s'il eût été avantageux à la France de la conserver quand elle l'aurait pu. Le roi répondait qu'il lui serait fort aisé quand il voudrait de se délivrer de cette dépense, les Espagnols lui offrant alors même de grandes sommes, s'il voulait leur vendre Dunkerque. D'Estrades lui conseillait toujours d'accepter leurs offres, jusqu'à ce que le roi, plus pressé que nous ne pensions, vint de lui-même à dire que, s'il avait à en traiter, il aimerait mieux que ce fût avec moi qu'avec eux.

Ainsi commença cette négociation dont j'eus une extrême joie, et bien que sa demande fût de cinq millions, somme sans doute très considérable, qu'il fallait même payer fort promptement, je ne trouvai pas à propos de le laisser refroidir là-dessus, le bon état où commençaient d'être mes finances me permettant pour une chose aussi importante que celle-là, non seulement ces efforts, mais de plus grands. La conclusion du traité se fit toutefois à quatre millions payables en trois ans, tant pour la place que pour toutes les munitions de guerre, canons, pierres, briques et bois. Je gagnai même sur ce marché cinq cent mille livres, sans que les Anglais s'en aperçussent. Car ne pouvant s'imaginer qu'en l'état où on avait vu mes affaires peu de temps auparavant j'eusse moyen de leur fournir promptement cette grande somme comme ils le désiraient, ils acceptèrent avec joie l'offre que leur fit un banquier de la payer en argent comptant, moyennant cette remise de cinq cent mille livres ; mais le banquier était un homme interposé par moi, qui, faisant la paiement de mes propres deniers, ne profitait point de la remise.

La conséquence de cette acquisition me donna une inquiétude continuelle, jusqu'à ce que tout fût achevé, et ce n'était pas sans raison ; car l'affaire, au commencement très secrète, ayant été éventée peu à peu, la ville de Londres qui en fut informée députa ses principaux magistrats, le maire et les aldermen, pour offrir au roi toutes les sommes qu'il voudrait, à condition de ne point aliéner Dunkerque. De deux courriers que d'Estrades m'avait dépêchés par deux divers chemins, avec deux copies pour le ratifier, l'un fut arrêté sur le chemin de Calais par les ordres du roi d'Angleterre, l'autre étant déjà passé en France par Dieppe ; et ce roi, à qui d'Estrades représentait en même temps qu'il ne s'agissait plus de Dunkerque, mais de rompre pour jamais avec moi si l'on ne me tenait parole, quelque complaisance qu'il fût obligé d'avoir pour eux, leur fit approuver enfin comme une chose déjà faite et sans remède ce qu'ils avaient résolu d'empêcher (18).

VERSAILLES

« J'ai fait Versailles pour la Cour, Marly pour mes amis, Trianon pour moi-même », dit le Roi (3). Sage répartition d'un prince qui sait organiser sa vie, faire la part de la pompe, celle de la société et celle de la solitude nécessaire. En vérité, il « fit » Versailles pour lui-même, c'est-à-dire pour sa gloire à laquelle il fallait des témoins. Versailles fut pendant cinquante-trois ans de règne la maîtresse en titre du Roi, la seule qui comptât vraiment. Il y engloutit sa fortune, un peu de celle de la France (mais la France est riche, et en six mois de paix, elle se remet à flot si les politiciens ne la contrarient pas), il lui donna ses soins, beaucoup de ses pensées. Sa croissance, son épanouissement, sa maturité l'exaltèrent. Le Roi a façonné Versailles de ses doigts. S'il n'a pas mis la main à la truelle c'est tout juste, mais les moindres détails l'ont passionné. Il s'y est appliqué avec une volonté inlassable, une impatience juvénile, un goût infaillible. Le palais a pu être bâti pour la Cour, c'est la France qui l'a hérité. Nous ne devons considérer que le résultat, et ce résultat est admirable. Voilà trois siècle que nous admirons la transformation d'un petit pavillon de chasse Louis XIII en un palais des Mille et Une Nuits.

Dans un des plus beaux textes qui aient jamais été consacrés à Versailles, Roger Nimier disait : « Versailles n'était pas seulement un instrument de propagande, une sorte d'exposition permanente des arts et métiers français, mais aussi le palais des conversations délicieuses, un centre d'intrigues, un remous de passions, la mer des suaves médisances. Au prix de Versailles, les villes d'Europe sont autant de Civita Vecchia où l'exil est d'autant plus lourd qu'on entend les rires de loin, sans en comprendre la signification. Ces rires, ces allusions qui ne sont pas traduits dans les dictionnaires, le monde ne les a guère pardonnés à la France (25). »

Très simplement, Versailles devient le centre du monde occidental. On s'excite contre comme on se passionne pour. Versailles est un symbole. Si les maîtres d'œuvres sont Français, toute l'Europe y a collaboré. Colbert l'a compris. Lui, dont le moins qu'on puisse dire est qu'il ne jette pas l'argent par les fenêtres, n'hésite jamais quand il s'agit de Versailles. Aussi passionné que son Roi, en son absence il harcèle les ouvriers, paye, compte, rédige des mémoires, oublie d'en dormir. La gloire n'a pas de prix. Avec la gloire on fascine l'Europe. La jalousie et l'envie ne sont pas de jolis sentiments, mais elles font plaisir à celui qui en est l'objet. Au milieu de ces délices, tout autre que le Roi se serait endormi, même un Guillaume d'Orange. Il semble, au contraire, que ces délices l'ont chaque fois porté plus avant, plus loin, il semble que ces frontières repoussées ou consolidées pendant cinquante ans ne l'ont été que pour mieux préserver l'inimitable joyau, orgueil avoué de son créateur.

Voici quelques textes qui éclairent l'inquiétude du souverain pour sa grande œuvre, le souci qu'il apporta à ses jardins qu'il ne cessa de faire visiter pendant tout son règne : « Mme de la Fayette fut hier à Versailles... Elle y fut reçue très bien, mais très bien, c'est-à-dire que le Roi la fit mettre dans sa calèche avec les dames, et prit plaisir à lui montrer toutes les beautés de Versailles, comme un particulier que l'on va voir dans sa maison de campagne (8). »

Précis, méticuleux, le Roi tint à fixer lui-même un ordre de visite. « Texte parfaitement dépouillé, sans recherches littéraires, d'une sécheresse presque administrative — véritable ordre de marche à travers les bosquets et que l'on doit supposer essentiellement destiné aux services intérieurs du domaine. Texte qui, dans son déroulement monotone, ne manque pas, cependant, d'une certaine majesté et qui conserve à plus d'un titre une très réelle puissance de suggestion », écrit Raoul Girardet (26).

1. — En sortant du château par le vestibule de la Cour de marbre, on ira sur la terrasse ; il faut s'arrêter sur le haut des degrés pour considérer la situation des parterres des pièces d'eau et les fontaines des Cabinets.

2. — Il faut ensuite aller droit sur le haut de Latonne et faire une pause pour considérer Latonne, les lézards, les rampes, les statues, l'allée royale, l'Apollon, le canal, et puis se tourner pour voir le parterre et le château.

3. — Il faut après tourner à gauche pour aller passer entre les Sphinx ; en marchant il faut faire une pause devant le Cabinet pour considérer la nappe ; en arrivant aux Sphinx, on fera une pause pour voir le parterre du midi, et après on ira droit sur le haut de l'Orangerie d'où l'on verra le parterre des orangers et le lac des Suisses.

4. — On tournera à droite, on montera entre l'Apollon de bronze et le Lantin et l'on fera une pause au corps avancé d'où l'on voit Bacchus et Saturne.

5. — On descendra par la rampe droite de l'Orangerie et l'on passera dans le jardin des orangers, on ira droit à la fontaine d'où l'on considérera l'Orangerie, on passera dans les allées des grands orangers, puis dans l'Orangerie couverte, et l'on sortira par le vestibule du côté du labyrinthe.

6. — On entrera dans le Labyrinthe, et après avoir descendu jusqu'aux canes et aux chiens, on remontera pour en sortir du côté de Bacchus.

7. — On ira voir la salle du bal, on en fera le tour, on ira dans le centre et l'on en sortira par le bas de la rampe de Latonne.

8. — On ira droit au point de vue du bas de Latonne, et en passant on regardera la petite fontaine du Satyre qui est dans un des bosquets ; quand on sera au point de vue, on y fera une pause pour considérer les rampes, les vases, les statues, les lézards, Latonne et le château ; de l'autre côté, l'allée royale, l'Apollon, le canal, les gerbes des bosquets, Flore, Saturne, à droite Cérès, à gauche Bacchus.

9. — On passera sur la chaussée où il y a des jets aux deux côtés, et l'on fera le tour de la grande

pièce, quand on sera au bas, on fera une pause pour considérer les gerbes, les coquilles, les bassins, les statues et les portiques.

11. — Après on ira jusqu'à la galerie par en bas ; on en fera le tour, et l'on en sortira par l'allée qui va à la Colonnade.

12. — On entrera dans la Colonnade, on ira dans le milieu, où l'on en fera le tour pour considérer les colonnes, les cintres, les bas-reliefs et les bassins. En sortant on s'arrêtera pour voir le groupe de Guidy et l'on ira du côté de l'allée royale.

13. — On descendra à l'Apollon, où l'on fera une pause pour considérer les figures, les vases de l'allée royale, Latonne et le château ; on verra aussi le canal.

Si on veut voir le même jour la Ménagerie et Trianon, on ira devant que de voir le reste des fontaines.

14. — On entrera dans la petite allée qui va à Flore, on ira aux bains d'Apollon et l'on en fera le tour pour considérer les statues, cabinets et bas-reliefs.

15. — On passera par l'Ancellade, où l'on ne fera qu'un demi-tour et après l'avoir considéré, on en sortira par en bas.

16. — On entrera à la salle du Conseil, on remontera jusques à Flore, on en fera le demi-tour.

17. — On ira à la montagne, on fera un demi-tour dans la petite allée qui tourne devant que d'entrer dans le centre de l'Etoile, et quand on y sera, on fera un tour de la montagne.

18. — On ira après à Cérès pour aller au théâtre, on verra les changements, et l'on considérera les jets des arcades.

19. — On sortira par le bas de la rampe du Nord, et l'on entrera au Marais ; on en fera le tour.

20. — On entrera aux trois fontaines par en haut, on descendra, et après avoir considéré les fontaines des trois étages, l'on sortira par l'allée qui va au Dragon.

21. — On tournera autour du Dragon, et l'on fera considérer les jets et la pièce de Neptune.

22. — On ira à l'arc de triomphe, l'on remarquera la diversité des fontaines, des jets, des nappes et des cuves des figures et les différents effets d'eau.

23. — On ressortira par le Dragon, on passera par l'allée des Enfants et quand on sera sur la pierre qui est entre les deux bassins d'en bas, on se tournera pour voir d'un coup d'œil tous les jets de Neptune et du Dragon ; on continuera ensuite de monter par ladite allée.

24. — On s'arrêtera au bas de la nappe, et l'on fera voir les bas-reliefs et le reste de cette fontaine.

25. — On passera après à la Pyramide, où l'on s'arrêtera un moment, et après on remontera au château par le degré de marbre qui est entre l'Esguiseur et la Vénus honteuse, on se tournera sur le haut du degré pour voir le parterre du Nord, les statues, les vases, les couronnes, la Pyramide et ce qu'on peut voir de Neptune, et après on sortira du jardin par la même porte par où on est entré.

Quand on voudra voir le même jour la Ménagerie et Trianon, après avoir fait la pause auprès d'Apollon, on ira s'embarquer pour aller à la Ménagerie.

En montant sur l'Amphithéâtre, on fera une pause

pour considérer le canal et ce qui le termine du côté de Trianon.

On ira dans le salon du milieu.

On entrera dans toutes les cours, où sont les animaux.

Après on se rembarquera pour aller à Trianon.

En arrivant, on montera par les rampes, on fera une pause en haut, et l'on fera remarquer les trois jets, le canal et le bout du côté de la Ménagerie.

On ira droit à la fontaine du milieu du parterre bas, d'où l'on montrera la maison.

Après l'on ira la voir par-dedans, on entrera dans le péristyle, on y remarquera la vue de l'avenue, et du jardin, l'on verra la cour ; après on ira dans le reste de la maison jusqu'au salon du haut de la galerie.

On montrera le Jardin du Roi.

On reviendra par le même salon du bout de la galerie pour entrer dans les Sources.

Et après on passera dans la galerie pour aller à Trianon sous bois.

On ira jusques sur la terrasse du haut de la cascade, et puis on viendra sortir par le salon du bout de la galerie du côté du bois.

On ira le long de la terrasse jusqu'à l'angle, d'où l'on voit le canal, on tournera après au cabinet du bout de l'aile d'où l'on verra le château, les bois et le canal.

On en sortira et l'on passera le long du corps du logis du côté des offices et l'on ira jusques à l'allée du milieu.

Quand on sera dans le centre de la maison, on fera voir l'obscurité du bois, le grand jet et la Nappe au travers de l'ombre.

On descendra droit au parterre de gazon, on s'arrêtera au bas de l'allée obscure pour considérer les jets qui l'environnent.

On ira passer à la fontaine qui est dans le petit bosquet pour aller à la cascade basse.

On remontera le long de l'allée jusques à la haute.

Et après on ira traverser le parterre bas par l'allée qui va au fer à cheval.

On en descendra pour entrer dans les bateaux pour aller à l'Apollon.

Et après on reprendra l'allée qui va à Flore, on ira aux bains d'Apollon et l'on verra le reste ainsi qu'il est marqué ci-dessus (26).

Dans presque toutes ses lettres à Colbert, le Roi s'inquiète de Versailles : « Mandez-moi l'effet que les orangers font à Versailles dans le lieu où ils doivent être », écrit-il à Colbert depuis le camp de Besançon (1674). De Gand (1678), il répond à son ministre :

Je suis bien aise du compte que vous me rendez de l'état de Versailles. Ce que je recommande le plus, c'est ce qui regarde les étangs et les rigoles qui doivent y amener l'eau ; c'est à quoi vous ferez travailler sans relâche.

Il faut encore presser les nouveaux bâtiments, afin qu'ils soient faits dans le moment que j'ai dit.

La visite que vous ferez faire sera fort à propos.

Je serai bien aise que le grand escalier soit fait en même temps.

Quand le modèle sera fait, il ne faut point perdre de temps pour commencer à travailler à dégrossir l'ouvrage ; car, pour les ornements, je serai bien aise de voir le modèle devant qu'on y travaille (19).

Quand il s'agit d'attirer des artistes étrangers à Paris, il sait prendre le ton flatteur qu'il faut :

Paris, 11 avril 1665.

Seigneur cavalier Bernin,

Je fais une estime si particulière de votre mérite, que j'ai un grand plaisir de voir et de connaître une personne aussi illustre, pourvu que ce que je souhaite se puisse accorder avec le service que vous devez à Notre Saint Père le Pape et avec votre commodité particulière.

Je vous envoie, en conséquence, ce courrier exprès par lequel je vous prie de me donner cette satisfaction et de vouloir entreprendre le voyage de France, prenant l'occasion favorable qui se présente du retour de mon cousin, le duc de Créqui, ambassadeur extraordinaire, qui vous fera savoir plus particulièrement le sujet qui me fait désirer de vous voir et de vous entretenir des beaux dessins que vous m'avez envoyés (19)...

Dangeau raconte comment le Roi traita ses architectes, ses sculpteurs, ses peintres, ses jardiniers. Ils étaient ses amis, les collaborateurs de sa gloire. Nous avons déjà vu Le Nôtre embrasser le Roi. Le voici dans les jardins : « Le Roi aimait à le voir et à le faire causer. Il y a environ un mois qu'il vint ici ; le Roi le fit mettre dans une chaise roulante comme la sienne. Il le promena dans tous les jardins, et M. Le Nôtre disait : « Ah ! mon pauvre père, si tu vivais et que tu puisses voir un pauvre jardinier comme ton fils se promener en chaise à côté du plus grand roi du monde, rien ne manquerait à ma joie (27). »

A Cambrai, en 1677, il fait venir son peintre et son jardinier pour qu'ils jouissent du spectacle, et il écrit à Colbert :

> Le Brun et Le Nôtre sont venus ici. Je suis très aise que Le Brun ait vu cette attaque. Il a été aussi à Valenciennes. Faites-leur donner à chacun quinze cents livres pour leur voyage. Je joins un Mémoire du marquis de Louvois qui sera utile et qui épargnera quelque chose de la dépense qu'il faut faire pour les Muses. Vous le verrez et le mettrez en usage (24).

De Mansard, un simple maçon, il fit un architecte royal et un marquis, lui témoignant sa vie durant mille attentions affectueuses et discrètes, ne craignant pas de parler avec lui bâtiment :

> Il me paraît que tout va bien par les mémoires que vous m'avez envoyés de Versailles et de Marly. Il n'y a point de temps à perdre. J'ai pensé *au plomb* que l'on doit mettre aux *vannes* de la rivière où l'on a travaillé ; s'il est plus large qu'aux autres *vannes,* il fera un très mauvais effet en descendant ; c'est pourquoi, quand il y aurait quelque défaut aux pièces, ils paraîtraient moins que si le *plomb* était différent des autres. Faites en sorte qu'il n'y en ait point, et faites-moi réponse devant que d'y faire travailler.
>
> N'ordonnez rien pour mon antichambre à Trianon, que je ne vous aie parlé demain matin (27).

Autre détail symbolique : le Roi dès son installation définitive en 1681, fixa lui-même l'étiquette et le cérémonial du château. On a conservé les lettres patentes d'avril 1682 par lesquelles Louis XIV instituait, pour desservir la chapelle d'alors, quatorze missionnaires avec un traitement de 300 livres par an chacun :

> Ils devront tous les jours chanter le *Domine Salvum* et célébrer une grand'messe, afin qu'ils ne cessent le lever les bras au ciel, tandis que nous partageons nos soins entre l'administration de la justice et la défense de nos sujets et de répandre dans notre Cour la bonne odeur de l'exemple et de la piété chrétienne (27).

Versailles a traversé les siècles, non sans encourir de graves dangers. La Révolution dispersa ses meubles, brûla Marly. De patientes entreprises privées ont aujourd'hui redonné au château son lustre ancien, un lustre glacé, qu'il faut, par l'imagination, peupler d'ombres, de rumeurs et de cris, et aussi de drames : la mort du Grand Roi au milieu de ses serviteurs, la mort de Louis XV pestiféré. Mais les bâtiments, les jardins demeurent à l'image de celui qui les inspira et les voulut à sa gloire.

LES AMOURS

Les amours de Louis XIV ont défrayé la chronique du XVIIe siècle. Il est certain qu'elles ne furent pas d'un bon exemple pour la Cour qui, en imitant grossièrement les frasques du Roi, accentua le désordre dans les mœurs. La fin du règne racheta les folies de la jeunesse. Folies qui, d'ailleurs, ne dépassèrent jamais certaines limites. Là encore, Louis XIV avait une trop haute conscience de ses devoirs envers la nation pour les oublier même dans les bras d'une femme. Il s'autorisait à braver le scandale, mais pas à mettre en péril l'honneur de sa charge. Seule la Montespan, si dans un terrible effort de volonté il ne s'était débarrassé d'elle, seule la Montespan manqua de lui faire perdre son sang-froid et sa dignité. Mais quand l'ignominie fut étalée, il n'eut plus un regard pour elle. En 1664, se trouvant en présence de Villeroy, Le Tellier, Lionne, Colbert et le maréchal de Gramont, il les avait avertis :

— Vous êtes de mes amis ceux que j'affectionne le plus, et en qui j'ai le plus de confiance. Les femmes ont bien du pouvoir sur ceux de mon âge. Je vous ordonne que, si vous remarquez qu'une femme, quelle qu'elle puisse être, me gouverne le moins du monde, vous ayez à m'en avertir. Je ne veux que vingt-quatre heures pour m'en débarrasser et vous donner contentement (10).

Le secret sur ses amours lui eût convenu autant que le secret sur la politique. Mais comment tenir le secret dans une Cour qui a pour lui les yeux d'Argus ? Forcé de vivre au grand jour, il ne s'infligea pas une pudeur hypocrite. Mlle de La Vallière, en voyage, montait dans le carrosse de la Reine qui ne la détestait pas. Le Roi ne pouvait se passer d'elle, même à la guerre, d'elle dont il dit plus tard en 1710 : « La duchesse de La Vallière était morte pour moi du jour de son entrée aux Carmélites (10). »

Un fait curieux est à noter. Louis XIV écrivit des centaines de billets doux à Marie Mancini et à bien d'autres. Aucun ne nous a été conservé. Se les fit-il rendre ? C'est probable. Souvent même il chargea ses ministres de les récupérer. Un grand roi ne laisse pas de ces traces pour la postérité. Ce soin pourrait dénoter une certaine sécheresse d'âme, et il est certain que la question se pose. « On peut affirmer, écrit Louis Bertrand, que Louis XIV n'a jamais aimé que la France. A toutes les femmes de chair, il a préféré sa femme de gloire, cette France que, selon la liturgie du sacre, il avait épousée solennellement dans la basilique de Reims et qui, par la main de l'évêque officiant, lui avait mis au doigt son anneau nuptial (16). »

Faute de lettres d'amour, nous nous en tiendrons à des textes officiels à travers les lignes desquels nous apprendrons à lire les véritables pensées du Roi. D'abord, un écrit qui aurait dû figurer dans les Mémoires pour le Dauphin, mais, inachevé, est resté en appendice. Ensuite un extrait des lettres patentes érigeant la terre de Vaujour et la baronnie de Saint-Christophe en duché-pairie, et reconnaissant pour fille naturelle du Roi, Anne-Marie, duchesse de Blois, première enfant de Louise de la Vallière ; le texte est beau par sa tendresse retenue et par sa majesté. Puis quelques lettres à Colbert, dont les sujets ne sont qu'incidemment les femmes, mais indiquent l'attention du Roi qui ne craignait pas de se servir d'un ministre pour des fins particulières.

> Avant que de partir (pour la campagne de Flandre), j'envoyai un édit au Parlement par lequel j'érigeais en duché la terre de Vaujour en faveur de Mademoiselle de La Vallière, et reconnaissais une fille que j'avais eue d'elle. Car, n'étant pas résolu d'aller à l'armée pour y demeurer éloigné de tous les périls, je crus qu'il était juste d'assurer à cette enfant l'honneur de sa naissance, et de donner à la mère un établissement convenable à l'affection que j'avais pour elle depuis six ans.
>
> J'aurais pu sans doute me passer de vous entretenir de cet attachement dont l'exemple n'est pas bon à suivre. Mais après avoir tiré plusieurs instructions des manquements que j'ai remarqués dans les autres, je n'ai pas voulu vous priver de celles que vous pouviez tirer des miens propres.
>
> Je vous dirai premièrement que, comme le prince devrait toujours être un parfait modèle de vertu,

il serait bon qu'il se garantît absolument des faiblesses communes au reste des hommes, d'autant plus qu'il est assuré qu'elles ne sauraient demeurer cachées. Et néanmoins, s'il arrive que nous tombions malgré nous dans quelqu'un de ces égarements, il faut du moins, pour en diminuer la conséquence, observer deux précautions que j'ai toujours pratiquées et dont je me suis fort bien trouvé.

La première, que le temps que nous donnons à notre amour ne soit jamais pris au préjudice de nos affaires, parce que notre premier objet doit toujours être la conservation de notre gloire et de notre autorité, lesquelles ne se peuvent absolument maintenir que par un travail assidu. Car, quelque transportés que nous puissions être, nous devons, par le propre intérêt de notre passion, considérer qu'en diminuant de crédit dans le public, nous diminuerions aussi l'estime auprès de la personne même pour qui nous nous serions relâchés.

Mais la seconde considération, qui est la plus délicate et la plus difficile à pratiquer, c'est qu'en abandonnant notre cœur, nous demeurions maîtres de notre esprit ; que nous séparions les tendresses d'amant d'avec les résolutions de souverain ; et que la beauté qui fait nos plaisirs n'ait jamais la liberté de nous parler de nos affaires, ni des gens qui nous y servent.

On attaque le cœur d'un prince comme une place. Le premier soin est de s'emparer de tous les postes par où on en peut approcher. Une femme adroite s'attache d'abord à éloigner tout ce qui n'est pas dans ses intérêts ; elle donne du soupçon des uns et du dégoût des autres, afin qu'elle seule et ses amis soient favorablement écoutés, et si nous ne sommes en garde contre cet usage, il faut, pour la contenter elle seule, mécontenter tout le reste du monde.

Dès lors que vous donnez la liberté à une femme de vous parler des choses importantes, il est impossible qu'elles ne nous fassent faillir. La tendresse que nous avons pour elles, nous faisant goûter leurs plus mauvaises raisons, nous fait tomber insensiblement du côté où elles penchent ; et la faiblesse qu'elles ont naturellement, leur faisant souvent préférer des intérêts de bagatelles aux plus solides considérations, leur fait presque toujours prendre le plus mauvais parti. Elles sont éloquemtes dans leurs expressions, pressantes dans leurs prières, opiniâtres dans leurs sentiments, et tout cela n'est souvent fondé que sur une aversion qu'elles auront pour quelqu'un, sur le dessein d'en avancer un autre, ou sur une promesse qu'elles auront faite légèrement.

Le secret ne peut être chez elles dans aucune sûreté : car si elles manquent de lumières, elles peuvent par simplicité découvrir ce qu'il fallait le plus cacher ; et si elles ont de l'esprit, elles ne manquent jamais d'intrigues et de liaisons secrètes. Elles ont toujours quelque conseil particulier pour leur élévation ou pour leur conservation, et elles ne manquent point d'y étaler tout ce qu'elles savent, autant de fois qu'elles en croient tirer quelque raisonnement pour leurs intérêts.

C'est dans ces conseils qu'elles concertent en chaque affaire quel parti elles doivent prendre, de quels artifices elles se doivent servir pour faire réussir ce qu'elles ont entrepris, comment elles se déferont de ceux qui leur nuisent, comment elles établiront leurs amis, par quelles adresses elles nous pourront engager davantage et nous retenir plus longtemps. Enfin, tôt ou tard, sans nous apercevoir que nous perdons ou dégoûtons nos meilleurs serviteurs, que nous ruinons notre réputation, sans que nous nous en puissions garantir que par un seul moyen, qui est de ne leur donner la liberté de parler d'aucune chose que de celles qui sont purement de plaisir, et de nous préparer avec étude à ne les croire en rien de ce qui peut concerner nos affaires ou les personnes de ceux qui nous servent.

Je vous avouerai bien qu'un prince dont le cœur est fortement touché par l'amour, étant aussi toujours prévenu d'une forte estime pour ce qu'il aime, a peine de goûter toutes ces précautions. Mais c'est dans les choses difficiles que nous faisons paraître notre vertu. Et, d'ailleurs, il est certain qu'elles sont d'une nécessité absolue, et c'est faute de les avoir observées que nous voyons dans l'histoire tant de funestes exemples des maisons éteintes, des trônes renversés, des provinces ruinées, des empires détruits (18).

13 mai 1667.

Les bienfaits que les rois exercent dans leurs Etats (lit-on dans les lettres-patentes) étant la marque extérieure du mérite de ceux qui les reçoivent, et le plus glorieux éloge des sujets qui en sont honorés, nous avons cru ne pouvoir mieux exprimer dans le public l'estime toute particulière que nous faisons de la personne de *notre très chère, bien-aimée et très féale* Louise-Françoise de La Vallière, qu'en lui conférant les plus hauts titres d'honneur *qu'une affection très singulière, excitée dans notre cœur par une infinité de rares perfections, nous a inspiré depuis quelques années en sa faveur :* et quoique sa modestie se soit souvent opposée au désir que nous avions de l'élever plus tôt dans un rang proportionné à notre estime et à ses bonnes qualités, néanmoins l'affection que nous avons pour elle, et la justice ne nous permettant plus de différer les témoignages de notre reconnaissance pour un mérite qui nous est si connu, ni de refuser plus longtemps à la nature les effets de notre tendresse pour Marie-Anne, notre fille naturelle, en la personne de sa mère, nous lui avons fait acquérir, de nos deniers, la terre de Vaujour, située en Touraine, et la baronnie de Saint-Christophe en Anjou, qui sont deux terres également considérables par leur revenu et par le nombre de leurs mouvances : mais, faisant réflexion qu'il manquerait quelque chose à notre grâce, si nous ne rehaussions les valeurs de ces terres par un titre qui satisfasse tout ensemble *à l'estime qui provoque notre libéralité,* et *au mérite du sujet qui la reçoit* ; mettant d'ailleurs en considération que notre chère et bien-aimée Louise-Françoise de La Vallière *est issue d'une maison très noble et très ancienne,* et dont les ancêtres ont donné en diverses occasions importantes des marques signalées de leur zèle au bien et avantage de cet Etat, et de leur valeur et expérience dans le commandement des armées : *A ces causes* (24),...

A Colbert.

De Nancy, le 26 septembre.

Vous ne m'avez rien mandé dans toutes les lettres que vous m'avez écrites touchant le travail qu'on fait à Saint-Germain sur les terrasses de l'appartement de Mme de Montespan ; il faut achever celles qui sont commencées et accommoder les autres, l'une en volière, pour y mettre des oiseaux, et pour cela il ne faut que peindre la voûte et les côtés de la cour, avec une fontaine en bas pour que les oiseaux puissent boire. A l'autre, il faudra la peinture, et ne mettre qu'une fontaine en bas. *Mme de Montespan la destinant pour y mettre de la terre et en faire un petit jardin.* Mandez-moi ce que vous avez fait là-dessus jusqu'à cette heure (24).

Du camp de Satin, le 8 juin 1675.

La dépense est excessive, et je vois par là que pour me plaire rien ne vous est impossible... Mme de Montespan m'a mandé que vous vous acquittiez fort bien de ce que je vous ai ordonné, et que vous lui demandez toujours si elle veut quelque chose ; continuez à le faire toujours. Elle me mande aussi qu'elle a été à Sceaux, où elle a passé agréablement la soirée ; je lui ai conseillé d'aller un jour à Dampierre, et je l'ai assurée que Mme de Chevreuse et Mme Colbert l'y recevraient de bon cœur ; je suis assuré que vous en ferez de même. Je serai très aise qu'elle s'amuse à quelques choses, et celles-là sont très propres à la divertir :

confirmez ce que je désire, je suis bien aise de vous le faire savoir, afin que vous apportiez les facilités, en ce qui dépendra de vous, à ce qui la pourra amuser (24).

Le 28 juin 1676.

Sur l'affaire de Mme de Brinvilliers, je crois qu'il est important que vous disiez au premier Président et au Procureur général, de ma part, que je m'attends qu'ils feront tout ce que des gens de bien comme eux doivent faire pour déconcerter tous ceux, de quelque qualité qu'ils soient, qui sont mêlés dans un si vilain commerce. Mandez-moi tout ce que vous pourrez en apprendre. On prétend qu'il y a de fortes sollicitations et beaucoup d'argent répandu (24).

LE ROI ET LES SIENS

TOUT au long des *Mémoires*, Louis XIV s'est adressé au Dauphin. La vivacité de ces pages, leur ton, leur chaleur tiennent à la présence muette et invisible d'un jeune interlocuteur que l'on suppose attentif. Le Roi éprouva pour son fils une tendresse qu'il ne sut pas dissimuler et plaça sur sa tête des espoirs insensés. Plus tard, comprenant combien il s'était leurré sur la nature et l'intelligence du Dauphin, il ne l'admit qu'en son for intérieur et n'en montra rien. Les mêmes sentiments l'unissaient à sa mère Anne d'Autriche, à son épouse Marie-Thérèse, à ses petits-enfants. Certes son caractère s'accordait mal à celui du duc de Bourgogne, intelligent mais velléitaire, digne mais compassé ; en revanche la duchesse de Bourgogne conquit son cœur. Il lui passa mille fantaisies, et de sa mort il éprouva une peine qui semble avoir brisé en lui beaucoup d'espérances.

Du duc d'Anjou, devenu roi d'Espagne, il ne put pas ne pas connaître les faiblesses, les maladresses, mais il ne cessa jamais de le grandir aux yeux des autres, de le soutenir à bout de bras pour en faire le roi que cet exilé ne sut pas être. Là encore nous touchons le fond du caractère même de Louis XIV, ce souci de la majesté qui implique que tout ce qui vous entoure est sacré au même titre que votre personne. Les bâtards furent élevés à des rangs considérables avant d'être admis à la succession dans un testament qui fit hurler toute la Cour. Dans leurs veines coulait du sang royal. Rien d'autre n'importait.

Nous avons placé à la suite des quelques lettres adressées à des parents directs, des lettres à Mme de Maintenon bien qu'elle ne fût de la famille que par la main gauche. On le verra, à part la première, ce ne sont pas des lettres d'amour, mais d'estime, d'amitié. Le Roi fait partager ses bonheurs, ses inquiétudes à l'ancienne gouvernante qui a su, avec une habileté diabolique, coiffer cet homme ardent et libre. Entre eux, point d'amour. Un commerce agréable seulement, et qui ne devait d'ailleurs pas toujours durer. La « vieille fée » leva le masque, à la fin du règne : défaitiste, bigote, empêtrée dans la théologie, moralisante, bonne institutrice, mais cœur sec, dévorée d'ambition et prompte à condamner tout ce qui a le grave tort de ne pas lui ressembler. Le Roi le comprit trop tard, et peut-être cela ne fit-il que le confirmer dans ses convictions : un homme comme lui ne pouvait se tolérer qu'une passion, la France, s'autoriser qu'un soin, la continuité de la monarchie.

A la Reine Mère.

Nantes, le 5 septembre 1661.

Madame ma Mère,

Je vous ai déjà fait savoir ce matin l'exécution des ordres que j'avais donnés pour faire arrêter le surintendant, mais je suis bien aise de vous mander le détail de cette affaire. Vous savez qu'il y a longtemps que je l'avais sur le cœur, mais il a été impossible de la faire plus tôt, parce que je voulais qu'il fît payer auparavant trente mille écus pour la marine et que d'ailleurs il fallait ajuster diverses choses qui ne se pouvaient faire en un jour ; et vous ne sauriez imaginer la peine que j'ai eue seulement à trouver moyen de parler en particulier à Artagnan, car je suis accablé tout le jour par une infinité de gens fort alertes et qui, à la moindre apparence, auraient pu pénétrer bien avant...

Enfin, ce matin, le surintendant étant venu travailler avec moi à l'accoutumée, je l'ai entretenu tantôt d'une manière, tantôt de l'autre, et fait semblant de chercher des papiers jusqu'à ce que j'aie aperçu, par la fenêtre de mon cabinet, Artagnan dans la cour du château, et alors j'ai laissé aller le surintendant qui, après avoir causé un peu au bas du degré avec La Feuillade, a disparu dans le temps qu'Artagnan saluait le sieur Le Tellier, de sorte que le pauvre Artagnan croyait l'avoir manqué et m'a envoyé dire par Maupertuis qu'il soupçonnait que quelqu'un lui avait dit de se sauver ; mais il l'a rattrapé dans la place de la grande église, et l'a arrêté de ma part environ sur le midi.

Il lui a demandé les papiers qu'il avait sur lui, dans lesquels on m'a dit que je trouverais l'état au vrai de Belle-Isle, mais j'ai tant d'autres affaires que je n'ai pu les voir encore. Cependant, j'ai commandé au sieur Boucherat d'aller sceller chez le surintendant et au sieur Pellot chez Pellisson, que j'ai fait arrêter aussi. J'avais témoigné que je voulais aller ce matin à la chasse, et sous ce prétexte, fait préparer mes carrosses et monter à cheval mes mousquetaires. J'avais aussi commandé les compagnies des Gardes qui sont ici pour faire l'exercice dans la prairie, afin de les avoir toutes prêtes à marcher à Belle-Isle. Incontinent donc que l'affaire a été faite, l'on a mis le surintendant dans un de mes carrosses, suivi de mes mousquetaires, qui le mène au château d'Angers, et m'y attendra en relais, tandis que sa femme, par mon ordre, s'en va à Limoges. Fourille a marché à l'instant avec mes compagnies des Gardes et ordre de s'avancer à la rade de Belle-Isle, d'où il détachera Chavigny capitaine, pour commander la place avec cent Français et soixante Suisses qu'il lui donnera et si, par hasard, celui que le surintendant y a mis voulait faire quelque résistance, je leur ai commandé de le forcer. J'avais résolu d'abord d'en attendre des nouvelles, mais tous les ordres sont si bien donnés que, selon toutes les apparences, la chose ne peut manquer ; ainsi, je m'en retourne sans différer davantage et celle-ci est la dernière lettre que je vous écrirai de ce voyage.

J'ai discouru ensuite sur cet accident avec ces

messieurs qui sont ici avec moi. Je leur ai dit franchement qu'il y avait quatre mois que j'avais formé mon projet, qu'il n'y avait que vous seule qui en eussiez connaissance et que je ne l'avais communiqué au sieur Le Tellier que depuis deux jours, pour faire expédier les ordres. Je leur ai déclaré aussi que je ne voulais plus de surintendant, mais travailler moi-même aux finances avec des personnes fidèles qui agiront sous moi, connaissant que c'est le vrai moyen de me mettre dans l'abondance et de soulager mon peuple. Vous n'aurez pas de peine à croire qu'il y en a eu de bien penauds, mais je suis bien aise qu'ils voient que je ne suis pas si dupe qu'ils s'étaient imaginé et que le meilleur parti est de s'attacher à moi...

Au reste, j'ai déjà commencé à goûter le plaisir qu'il y a de travailler soi-même aux finances, ayant, dans le peu d'application que j'y ai donnée cette après-dînée, remarqué des choses importantes dans lesquelles je ne voyais goutte et l'on ne doit pas douter que je ne continue.

J'aurais achevé dans demain tout ce qui me reste à faire ici et à l'instant je partirai avec une joie extrême de vous aller embrasser (19)...

Au roi d'Espagne, Philippe IV.

Monsieur mon Frère, Oncle et Beau-Père, le même jour que Dieu m'a vivifié par l'une des plus grandes afflictions que je puisse ressentir, ayant rappelé à soi mon cousin le cardinal Mazarin, je prends la plume pour donner part à Votre Majesté de la perte que je viens de faire d'un si digne et si fidèle ministre. J'ai pensé même trouver quelque soulagement à l'excès de ma douleur, en la déposant dans le sein de Votre Majesté que je sais qui aura la bonté d'y compatir et de donner quelque regret à la mémoire d'une personne que Votre Majesté a honorée de son estime, et qui, d'ailleurs, eut les sincères intentions et la bonne fortune de contribuer si notablement à la réunion de nos cœurs et de nos Etats, au repos de la Chrétienté et au bonheur d'un mariage qui fait la douceur de la vie.

La seule consolation dont je suis présentement capable, c'est que je puisse dire à Votre Majesté qu'il est mort dans tels sentiments de religion, de piété et de repentance de ses fautes, que je puis espérer de la Bonté divine, qu'elle lui a donné la récompense de ses travaux. Je sais que Votre Majesté qui l'aimait, aura quelque satisfaction, dans ce malheur, d'être informée de cette circonstance qui le peut adoucir, et je ne dois pas omettre à la louange de mon dit cousin, qu'un des derniers conseils qu'il s'est appliqué à me donner pendant la grande violence de son mal, a été non seulement d'entretenir religieusement la paix, à quoi il savait que je n'avais pas besoin d'être suscité ; mais aussi d'estreindre de plus en plus le nœud de votre amitié et de votre union ; en sorte que le Public soit très persuadé qu'il est sincèrement indissoluble, et que, par ce moyen, nos couronnes, outre leurs propres forces, aient encore chacune la consolation de l'être par cette intime union de conseil et d'intérêt. Je n'assure pas Votre Majesté d'une nouvelle bien différente du sujet de cette lettre, parce que je n'ose pas encore me flatter du bien que je souhaite infiniment. Si nos soupçons se trouvent à la fin véritables, je le reconnaîtrai comme un bienfait digne de la Bonté divine qui, voulant m'affliger sensiblement d'une manière, a eu soin de m'accorder dans la même conjoncture ce que je pouvais le plus ardemment désirer. J'écrirais plus souvent à Votre Majesté si la Reine n'y suppléait par les compliments qu'elle se charge dc temps en temps de lui faire de ma part. Je suis bon Frère, Neveu et Gendre de Votre Majesté.

Louis.

Ecrit à Paris, le 17 mars 1661 (10).

A Philippe V.

20 août 1704.

Je suis bien fâché d'apprendre la prise de Gibraltar, mais je crois qu'il sera difficile aux ennemis de faire un établissement solide dans un lieu sans port et sans rade assurée, qu'ils ne peuvent soutenir que par la mer. Il est essentiel pour vous de les empêcher de s'établir en Castille ou en Estramadure... Vous devez examiner si vous pouvez retirer des troupes de vos frontières sans trop affaiblir votre armée. En ce cas vous ferez bien d'en faire un détachement assez fort pour recouvrer au plus tôt Gibraltar, et si vous ne le pouvez pas, il faudra remettre cette expédition à un autre temps...

Vous me demandez mes conseils ; je vous écris ce que je pense, mais les meilleurs deviennent inutiles, lorsqu'on attend à les demander et à les suivre que le mal soit arrivé ; il est souvent plus facile de le prévenir que d'y remédier et je prévois avec douleur d'étranges embarras, si vous n'établissez un ordre dans l'administration de vos affaires. Vous avez donné votre confiance à des gens incapables ou intéressés. Je vous demande de vous défaire de Canalez ; je rappelle Orry, j'y trouve de la résistance et de l'opposition de votre part. Vous voyez le fruit de leur travail par le sort de vos armées et celui de vos places. Il semble cependant que l'intérêt de ces particuliers vous occupe tout entier et dans le temps que vous ne le devriez être que de grandes vues, vous les rabaissez aux cabales de la princesse des Ursins dont on ne cesse de me fatiguer (19)...

Au même.

Marly, 16 février 1712.

J'ai perdu ma fille, la Dauphine, et, quoique vous saviez à quel point elle m'a toujours été chère, vous ne pouvez encore vous représenter assez la douleur que sa perte me cause. Je connais trop le bon cœur de Votre Majesté pour douter de ses sentiments lorsqu'elle apprendra cette funeste nouvelle. Les miens pour vous sont très tendres et très conformes à l'amitié dont je suis assuré de votre part.

Au même.

Marly, 21 février 1712.

Vous comprendrez le surcroît de ma douleur quand vous apprendrez la mort du Dauphin. Ce sont en peu de jours deux terribles épreuves que Dieu a voulu faire de ma soumission à ses ordres. Je le prie de me conserver Votre Majesté, et de nous consoler des malheurs que je ressentirai vivement, aussi longtemps qu'il lui plaira de me laisser vivre (28).

A Henriette d'Angleterre, duchesse d'Orléans.

Dijon, 5 de février 1668.

Si je ne vous aimais fort, je ne vous écrirais pas, car je n'ai rien à vous dire, après les nouvelles que j'ai mandées à mon frère mais je suis bien aise de vous confirmer ce que je vous ai dit, qui est que j'ai autant d'amitié pour vous que vous le pouvez souhaiter. Soyez persuadée de ce que je vous confirme par cette lettre et faites mes compliments, s'il vous plaît, à Mesdames de Monaco et de Tianges (31).

Lettres relatives à la Campagne de 1693

A Monseigneur le Dauphin.

A Marly, le 20 juillet 1693.

J'ai reçu votre lettre aujourd'hui de Graben, avec l'ordre que vous avez envoyé au maréchal de Choiseul. Je suis ravi que vous ayez passé le Rhin, et que les troupes de votre armée soient arrivées en bon état. Je vois par votre lettre et ledit ordre, et la lettre de Chamlai, ce que vous avez résolu, que j'approuve tout à fait ; et comme je réponds à Chamlai assez au long, je m'en remets à ce que contient sa lettre, que je lui ordonne de vous lire.

Je suis très fâché du malentendu qu'il y a eu dans la cuisson du pain ; mais j'espère que par vos soins, cela ne retardera que de peu de jours ce que vous avez résolu de faire. Les mesures me paraissent bien prises, et il n'y a qu'à exécuter vos résolutions et à faire que les vivres ne vous manquent pas.

J'ai donné ordre de vous envoyer de l'argent, et j'espère que vous aurez tout ce qu'il faudra.

Je ne doute pas que vous ne marchiez droit aux ennemis quand vous aurez passé le Neckar, et que vous ne les combattiez s'ils sont encore sous Heilbrun ; après quoi vous prendrez cette place, et suivrez après le projet de marcher en Wirtemberg et bien avant dans l'Allemagne.

Je vous envoie la copie d'une lettre du duc de Gramont. Si cette nouvelle est vraie, il n'y a rien de plus avantageux présentement. J'ai reçu votre lettre du 12, et l'ordre de bataille qui me paraît très bien. J'ai vu toutes vos marches avec plaisir, car vous écrivez beaucoup mieux que vous ne faisiez ; ayez seulement de l'encre plus noire, car la vôtre est difficile à voir.

La lettre de Chamlai vous fera voir tout ce que je pourrais vous dire. Il est tard, je m'en vais coucher fort content de vous, et plein d'espérance que mes armes seront encore plus heureuses sous vos ordres qu'elles ne le sont ailleurs.

Si le lieutenant-colonel dont vous me parlez fait

bien son devoir, vous pourrez lui donner quelque argent pour qu'il ait de quoi vivre.

Le duc de Luxembourg doit avoir fait investir Hui hier. Le maréchal de Villeroi en fera le siège avec un détachement de l'Armée. Si le prince d'Orange vient au secours, on le combattra avec grand plaisir.

A Marly, le 3 août 1693.

J'ai reçu votre lettre du 26 du mois passé et celle du 28, et le post-scriptum du 29, au bas de la lettre de Chamlai. Par la première, j'ai vu les préparatifs que l'on faisait pour le passage du Neckar, et les détachements que vous avez fait passer pour assurer vos ponts.

Par celle du 28, vous me rendez compte de votre passage du Neckar, sans opposition des ennemis n'ayant paru qu'au nombre de douze ou treize cents chevaux. Il vaut encore mieux cependant qu'ils ne se soient pas opposés à votre passage, parce que vos ponts ayant rompu plusieurs fois et les eaux débordées, ils n'auraient pas laissé de vous embarrasser.

J'ai vu avec plaisir l'action du sieur de Körnberg, à la tête des hussards de mon armée. Vous avez bien fait d'envoyer les maréchaux de Lorge et de Boufflers, reconnaître le lieu où vous pourriez poster votre armée, et je suis bien aise qu'ils aient trouvé un endroit bien convenable. Je vois par ce que vous me marquez au bas de la lettre de Chamlai, que vous devez avoir attaqué les ennemis le 30 ou le 31. Vous pouvez juger de mon inquiétude de votre santé et de l'événement du combat ; j'attendrai avec impatience de vos nouvelles. Je souhaite que nous soyons aussi heureux en Allemagne que nous l'avons été en Flandre et sur mer. Je crois que vous ne doutez point que je ne désire, que vous ayez toute la prospérité possible, dans tout ce que vous pourrez entreprendre.

Le 9 août 1693.

J'ai reçu votre lettre du camp d'Ilsfeld du 3 de ce mois, et celle du sieur de Chamlai qui m'a fait voir l'impossibilité d'attaquer les ennemis, par la situation de leur camp et leurs retranchements et redoutes pour en empêcher l'accès. Je suis fâché que vous n'ayez pu les attaquer ; mais en même temps je loue votre prudence, de n'avoir rien hasardé dans une entreprise dont le succès vous a paru douteux. Je ne doute point que, vu l'impossibilité de forcer les ennemis dans leur camp, vous n'ayez en même temps pris le parti le plus convenable au bien de mon service de concert avec les maréchaux de France qui sont sous vos ordres.

Versailles, le 8 juin 1694.

J'ai reçu, par le retour de Blet, la lettre que vous m'avez écrite sur la bataille qui a été gagnée en Catalogne, dont je ne doutais point que vous en fussiez fort aise.

J'approuve la résolution que vous avez prise pour l'assemblée de l'armée, et le temps auquel vous l'avez fixée. Je veux bien donner à Clodoré le gouvernement que vous m'avez demandé pour lui, du fort Saint-André de Villeneuve d'Avignon.

La fièvre m'a pris hier sur les trois heures après-midi ; l'accès m'a duré neuf heures. Je suis sans fièvre présentement, et j'ai pris du quinquina, que j'espère qui l'empêchera de revenir.

Dites à mon neveu (le duc de Chartres, fils de Monsieur), au prince de Conti, au duc de Luxembourg, et au marquis de Beringhen que j'ai reçu leurs lettres et que ne leur faisant point de réponse à cause de ma fièvre, je vous ai chargé de leur dire, que leurs compliments sur le gain de la bataille de Catalogne m'ont été très agréables (31).

A Madame de Maintenon

Avril 1691.

Je profite de l'occasion du départ de Montchevreuil, pour vous assurer d'une vérité qui me plaît trop, pour me lasser de vous la dire ; c'est que je vous chéris toujours, et que je vous considère à un point que je ne puis exprimer ; et qu'enfin, quelque amitié que vous ayez pour moi, j'en ai encore plus pour vous, étant de tout mon cœur tout à fait à vous (10).

Juin 1694, à neuf heures du matin.

Je viens d'avoir nouvelle que la citadelle de Palamos s'est rendue, et que le Gouverneur et toute la garnison, au nombre de quatorze cents hommes sont prisonniers de guerre. Il n'y a rien eu en Flandre, depuis que je vous ai quittée. J'ai changé de résolution pour ma journée ; le beau temps qu'il fait m'empêche d'aller à Saint-Germain, je remettrai ce voyage à demain ; et pour aujourd'hui je dînerai au petit couvert, j'irai à la chasse, et je me rendrai à six heures et demie à la porte de Saint-Cyr du parc, où je ferai trouver mon grand carrosse. J'espère que vous m'y viendrez trouver, avec telle compagnie qui vous plaira. Nous nous promènerons dans le parc, et nous n'irons point à Trianon. En revenant demain de Saint-Germain, j'irai à Saint-Cyr au salut en habit décent, et nous reviendrons ensemble. Voilà ce que je crois de mieux (30).

Montargis, dimanche soir, 4 novembre 1696.

Je suis arrivé ici devant cinq heures ; la princesse (Adélaïde de Savoie) n'est venue qu'à près de six. Je l'ai été recevoir au carrosse. Elle m'a laissé parler le premier et après m'a fort bien répondu, mais avec un petit embarras qui vous aurait plu. Je l'ai menée dans sa chambre au travers de la foule, la faisant voir de temps en temps en approchant les flambeaux de son visage. Elle a soutenu cette marche et ces lumières avec grâce et modestie. Nous sommes enfin arrivés dans sa chambre, où il y avait une chaleur et une foule qui faisaient crever. Je l'ai montrée de temps en temps à ceux qui s'approchaient et je l'ai considérée de toutes manières, pour vous mander ce qu'il m'en semble.

Elle a la meilleure grâce et la plus belle taille que j'aie jamais vue, habillée à peindre et coiffée de même ; des yeux vifs et très beaux, des paupières noires et admirables ; le teint fort uni, blanc et rouge comme on le peut désirer ; les plus beaux cheveux blonds que l'on puisse voir et en grande quantité. Elle est maigre comme il convient à son âge ; la bouche fort vermeille, les lèvres grosses, les dents blanches, longues et très mal rangées, les mains bien faites, mais de la couleur de son âge. Elle parle peu, au moins à ce que j'ai vu, n'est point embarrassée qu'on la regarde, comme une personne qui a vu du monde...

Elle ressemble fort à son premier portrait et point du tout à l'autre. Pour vous parler comme je fais toujours, je la trouve à souhait et serais fâché qu'elle fût plus belle...

Je vous en dirai davantage après souper ; car je remarquerai bien des choses que je n'ai pu voir encore. J'oubliais de vous dire qu'elle est plutôt petite que grande pour son âge...

A dix heures.

Plus je vois la princesse, plus je suis satisfait. Nous avons été dans une conversation publique où elle n'a rien dit... Je l'ai vue déshabiller ; elle a la taille très belle, on peut dire parfaite et une modestie qui vous plaira...

Je suis tout à fait content. Rien que de bien à propos en répondant aux questions qu'on lui faisait. Elle a peu parlé et la duchesse de Lude m'a dit qu'elle l'avait avertie que le premier jour elle ferait bien d'avoir une grande retenue. Nous avons soupé ; elle n'a manqué à rien et est d'une politesse surprenante... Elle a été regardée et observée et tout le monde paraît satisfait de bonne foi. L'air est noble et les manières polies et agréables. J'ai plaisir à vous en dire du bien ; car je trouve que, sans préoccupation et sans flatterie, je le veux faire et que tout m'y oblige...

J'oubliais à vous dire que je l'ai vue jouer aux jonchets avec une adresse charmante. Quand il faudra un jour qu'elle représente, elle sera d'un air et d'une grâce à charmer, et avec une grande dignité et un grand sérieux (19).

Avril 1706.

Je crois que vous ne serez pas fâchée de la nou velle que je viens de recevoir : M. de Vendôme avec douze cents chevaux, a battu toute la cavalerie ennemie, au nombre de quatre mille cinq cents ; tous les officiers généraux y ont fait merveille, Longueval y a été blessé. Vous en saurez bientôt davantage. Je ne pourrai être chez vous qu'à trois heures ; prenez des mesures pour éviter les importuns. Je suis très fâché de ce retardement, mais le conseil ne finira pas plus tôt (10).

LE MÊME JOUR

On a pu sauver nombre de lettres du Roi qui donnent une idée de sa prodigieuse activité. Pourtant une part importante des archives de la monarchie a disparu avec la Révolution, brûlée et dispersée à tous les vents, plus que réellement volée. Louis XIV tenait à jour une correspondance personnelle qui partait chaque soir aux quatre coins de la France, expliquant, insistant, remerciant chacun de son activité. Les lettres que nous réunissons ici traitent des sujets les plus divers pour Monseigneur le Dauphin (il a trente-trois ans), le duc de Chartres (futur régent, il a vingt ans), le duc du Maine (fils naturel de Mme de Montespan, il a vingt-quatre ans), le comte de Toulouse (autre fils naturel de Mme de Montespan, il a seize ans), mais elles sont toutes datées du même jour — le 29 juin 1694, et du même lieu — Trianon :

A Monseigneur le Dauphin.

Vous avez vu, par ma lettre d'hier matin, mes intentions sur toutes les questions que vous m'aviez faites.

Par les nouvelles que je reçois, vous ne serez pas, selon les apparences, en peine de faire les détachements qui sont marqués ; car les ennemis craignent plus pour Liège et Maestricht, que nous ne pouvons avoir d'appréhension pour les lignes ; c'est pourquoi vous ne serez pas obligé d'affaiblir l'armée, et pourrez demeurer au lieu où vous êtes, pour faire subsister mes troupes avec plus de commodité, si vous avez des avis contraires à ceux que je reçois. Vous êtes instruit de mes intentions pour ce qui regarde les lignes ; c'est pourquoi je ne vous en dirai pas davantage.

Je suis bien aise que vous ayez trouvé la première ligne d'infanterie belle. J'apprends qu'il y a quelques bataillons plus faibles que l'on ne m'avait mandé : j'attends de vos nouvelles pour en savoir la vérité.

Vous avez bien fait de faire camper de l'infanterie près de Saint-Trou pour assurer votre quartier, et de faire retirer quelques gardes la nuit ; car il me semble que l'aile droite de l'armée n'en peut approcher de demi-lieue, à cause des haies et des chemins serrés, des marais qui sont près de la ville. Je ne vous dirai plus rien sur ce que vous ferez avec vous : vous ferez honneur à qui il vous plaira ; songez seulement à faire que ce soit toujours un honneur, cela n'étant pas si commun. Le duc du Maine me prie de faire passer son régiment dans votre armée ; cela ne peut se faire qu'en envoyant un autre avec le maréchal de Boufflers, pour qu'il ait le même nombre de bataillons. Si vous le pouvez faire, j'en serai bien aise ; et je crois que vous serez aussi bien aise de faire ce plaisir au duc du Maine, à moins que vous ne trouviez des difficulés que je ne puis prévoir (31).

Au duc de Chartres.

J'ai reçu la lettre que vous m'avez écrite, avec l'état exact que vous m'avez envoyé de douze régiments de cavalerie, après les avoir vus avec soin, et celui que les officiers vous ont donné. Ils ne s'éloignent pas trop les uns des autres ; c'est ce qui me fait croire qu'ils parlent sincèrement, sur le nombre des cavaliers et des chevaux qui sont dans leur régiment. Je suis très content de l'exactitude et de la netteté avec laquelle vous me rendez compte de ce que vous avez vu et de ce que vous faites pour que les officiers fassent leur devoir.

Ayez toujours la même conduite, et m'avertissez de tout avec la même exactitude que vous avez fait.

J'attends avec quelque impatience les détails que vous me devez envoyer du reste de la cavalerie, pour voir le véritable état où est toute celle de mon armée de Flandre. J'apprends que vous vous fatiguez beaucoup et quelquefois sans nécessité ; conservez-vous pour quand vous serez obligé d'agir dans le temps qui sera le plus nécessaire, et croyez que vous ne ferez rien, puisque je vous le conseille, que les autres n'approuvent (31).

Au duc du Maine.

J'ai reçu votre lettre du 24, par laquelle vous me mandez des nouvelles, et faites quelques raisonnements sur l'inaction du prince d'Orange, et sur l'arrivée du général Flemming ; sur quoi vous trouverez bon que je ne fasse que recevoir vos avis, sans raisonner présentement avec vous sur ce qui peut arriver dans les suites. J'ai écrit à mon fils ce que vous me demandez pour votre régiment d'infanterie, et je ne doute pas qu'il ne fasse ce que vous désirez en cette rencontre, ne voyant pas qu'il y ait aucune raison qui le puisse empêcher (31).

Au comte de Toulouse.

Vous avez bien fait de saluer mon neveu à la tête de votre régiment. J'approuve ce que lui et vous avez fait en cette rencontre, et suis bien aise de voir l'amitié qu'il vous porte.

A l'égard du brevet de mestre de camp que vous demandez pour le sieur d'Estagnol, n'en donnant point présentement à personne, je ne saurais faire ce que vous désirez.

Je me ressouviendrai dans la suite de la recommandation que vous me faites pour l'aide-major : vous ne me mandez point s'il est vieil officier. Vous ne m'avez point mandé si les quatre officiers qui doivent être près de vous sont arrivés, comment vous êtes content d'eux, et comme le marquis d'O. s'en accommode (31).

LE TESTAMENT

1714. L'Europe guette la mort du vieux Roi. C'est le duc de Berry qui meurt, à vingt-neuf ans. L'ex-duc d'Anjou, le roi Philippe V d'Espagne, a bien renoncé officiellement — et tout a été confirmé lors du traité d'Utrecht — mais l'Europe, l'Angleterre surtout qui la mène, prend les devants et tient à s'assurer que les engagements pris seront tenus. La formidable machine de guerre que serait une Espagne et une France unies sous la même couronne ne verra pas le jour. Philippe V y a lui-même renoncé, avec, cependant, une arrière-pensée : si le pouvoir tombait dans la main d'un Orléans, les Bourbons écartés reprendraient leurs droits. Nul doute que Louis XIV soit aussi de cet avis. Il n'a plus qu'un héritier : son arrière-petit-fils Louis, troisième fils du duc de Bourgogne né à Versailles le 15 février 1710, un enfant de quatre ans. Les mêmes tristes hasards (ou la même machination) ne risquent-ils pas de jouer contre la succession ? Que cet enfant fragile meure et le sceptre tombera dans les mains du duc d'Orléans, fils de Monsieur et de la Palatine, jouisseur cynique et effréné, athée, au caractère des plus étranges mais à l'intelligence des plus vives. Une funeste tradition incline les Orléans à la trahison. Louis XIV pressent-il déjà que ce nom après avoir été celui d'un Frondeur sera celui d'un régicide ? Il ne peut cependant écarter totalement Philippe d'Orléans. Ce dernier sera régent. L'important est de le contrer dès que la succession sera ouverte et de le flanquer d'un conseil dont les décisions, prises à la majorité, l'emporteront, paralysant ainsi le futur régent.

En secret, le Roi rédige son testament et le 27 août 1714, convoque le Premier Président et le Procureur général du Parlement pour leur remettre un paquet scellé de sept cachets :

> — Messieurs, dit-il, c'est mon testament. Il n'y a qui que ce soit qui sache ce qu'il contient. L'exemple des rois, mes prédécesseurs et celui du Roi mon père, ne me laissent pas ignorer ce que celui-là pourra devenir. Mais on l'a voulu ; on m'a tourmenté, on ne m'a point laissé de repos quoi que j'aie pu dire. Oh ! bien j'ai donc acheté mon repos. Le voilà, emportez-le, il deviendra ce qu'il pourra. Au moins, j'aurai patience et je n'en entendrai plus parler !

Le document conservé est une copie, mais on ne peut douter de sa fidélité et nous y retrouvons toutes les qualités du Roi : volonté, fermeté, autorité, souci du détail, ampleur des vues, désir ardent de se continuer au-delà de la mort. De sa main mourante, un an plus tard il ajoutera deux codicilles, mais tout a été dit en ce mois d'août 1714, et le Roi reprend ses fonctions, travaille avec autant de calme, conduit la petite calèche dans le parc et continue de chasser, à soixante-seize ans, avec un coup d'œil infaillible. Il a « acheté son repos ». Le testament dort et tout le monde croit en connaître le secret. Il n'est pourtant même pas certain que Mme de Maintenon en sache la teneur exacte. En vérité, c'est une bombe dont les conséquences sont à longue portée. Amené à s'appuyer sur le Parlement pour casser certaines des exigences de son oncle, Philippe d'Orléans, en 1716, ouvrira la brèche par laquelle la monarchie se laissera submerger. Le retour en force des corps constitués paralysera Louis XV et Louis XVI, les empêchant de procéder aux réformes qui eussent sauvé l'ancien régime.

> Ceci est notre disposition et ordonnance de dernière volonté ; pour la tutelle du Dauphin, notre arrière-petit-fils, et pour le conseil de régence que nous voulons être établi après notre décès, pendant la minorité du Roi.
>
> Comme par la miséricorde infinie de Dieu, la guerre qui a, pendant plusieurs années, agité notre royaume, avec des événements différents et qui nous ont laissé de justes inquiétudes, est heureusement terminée, nous n'avons présentement rien plus à cœur, que de procurer à nos peuples le soulagement que le temps de guerre ne nous a pas permis de leur donner, les mettre en état de jouir longtemps des fruits de la paix, et éloigner tout ce qui pourrait troubler leur tranquillité. Nous croyons, dans cette vue, devoir étendre nos soins paternels à prévoir et prévenir, autant qu'il dépend de nous,

les maux dont notre royaume pourrait être troublé, si, par l'ordre de la divine Providence notre décès arrive avant que le Dauphin, notre arrière-petit-fils, qui est l'héritier présomptif de notre couronne, ait atteint sa quatorzième année, qui est l'âge de sa majorité.

C'est ce qui nous engage à pourvoir à la tutelle, à l'éducation de sa personne et à former, pendant sa majorité, un conseil de régence, capable par sa prudence, sa probité et la grande expérience de ceux que nous choisissons pour le composer, de conserver le bon ordre dans le gouvernement de l'Etat, et maintenir nos sujets dans l'obéissance qu'ils doivent au roi mineur.

Ce conseil de régence sera composé du duc d'Orléans, chef du conseil, du duc de Bourbon, quand il aura vingt-quatre ans accomplis ; du duc du Maine, du comte de Toulouse, du chancelier de France, du chef du conseil royal, des maréchaux de Villeroi, de Villars, d'Uxelles, de Tallard et d'Harcourt, des quatre secrétaires d'Etat, du contrôleur général des finances. Nous les avons choisis par la connaissance que nous avons de leur capacité, de leurs talents et du fidèle attachement qu'ils ont toujours eu pour notre personne, et que nous sommes persuadés qu'ils auront de même pour le roi mineur.

Voulons, que la personne du roi mineur soit sous la tutelle et garde du conseil de régence ; mais comme il est nécessaire que, sous son autorité, quelque personne d'un mérite universellement reconnu, et distinguée par son rang, soit particulièrement chargée de veiller à la sûreté, conservation et éducation du roi mineur, nous nommons le duc du

Maine pour avoir cette autorité, et remplir cette importante fonction du jour de notre décès.

Nous nommons aussi pour gouverneur du roi mineur, le maréchal de Villeroi qui, par sa bonne conduite, sa probité, et ses talents nous a paru mériter d'être honoré de cette marque de notre estime et de notre confiance. Nous sommes persuadés que, pour tout ce qui aura rapport à la personne et à l'éducation du jeune roi, le duc de Maine et le maréchal de Villeroi, gouverneur, animés tous deux par le même esprit, agiront avec un parfait concert, et qu'ils n'omettront rien pour lui inspirer les sentiments de vertu, de religion et de grandeur d'âme que nous souhaitons qu'il conserve toute sa vie.

Voulons que tous les officiers de la Garde et de la Maison du roi, soient tenus de reconnaître le duc du Maine et de lui obéir en tout ce qu'il leur ordonnera pour le fait de leurs charges, qui aura rapport à la personne du roi mineur, à sa garde et à sa sûreté.

Au cas que le duc du Maine vienne à manquer, avant notre décès ou pendant la minorité du roi, nous nommons à sa place le comte de Toulouse, pour avoir la même autorité et remplir les mêmes fonctions.

Pareillement si le maréchal de Villeroi décède avant nous ou pendant la minorité du roi, nous nommons pour gouverneur à sa place le maréchal d'Harcourt.

Voulons, que toutes les affaires qui doivent être décidées par l'autorité du Roi, sans aucune exception ni réserve, soit qu'elles concernent la guerre ou la paix, la disposition ou administration des finances, ou qu'il s'agisse du choix des personnes qui doivent remplir les archevêchés, évêchés et autre abbayes et bénéfices dont la nomination doit appartenir au roi mineur, la nomination aux charges de la couronne, aux charges de secrétaires d'Etat, à celle de contrôleur général des finances, à toutes celles des officiers de guerre, tant des troupes de terre, qu'officiers de marine et galères, offices de judicature des Cours supérieures, qu'autres, à celles de finance, aux charges de gouverneurs, lieutenants généraux pour le roi dans les provinces, à celles de l'état-major des places fortes, tant des frontières que des provinces du dedans du royaume, aux charges de la Maison du roi, sans distinction de grandes et petites, qui sont à la nomination du roi, et généralement pour toutes les charges, commissions et emplois auxquels le roi doit nommer, soient proposés et délibérés au conseil de régence, et que les résolutions y soient prises à la pluralité des suffrages, et sans que le duc d'Orléans, chef du conseil, puisse seul et par son autorité particulière, rien déterminer, statuer et ordonner, et faire expédier aucun ordre, au nom du roi mineur, autrement que suivant l'avis du conseil de régence.

S'il arrive qu'il y ait, sur quelque affaire, diversité de sentiments dans le conseil de régence, ceux qui y seront, seront obligés de se ranger à deux avis, et celui du plus grand nombre prévaudra toujours ; mais s'il se trouvait qu'il y eût pour les deux avis nombre égal de suffrages, en ce cas seulement, l'avis du duc d'Orléans, comme chef du conseil, prévaudra.

Lorsqu'il s'agira de nommer aux bénéfices, le confesseur du roi entrera au conseil de régence, pour y présenter le mémoire des bénéfices vacants, et proposer les personnes capables de les remplir. Seront aussi admis au même conseil, extraordinairement lorsqu'il s'agira de la nomination aux bénéfices, deux archevêques ou évêques, de ceux qui se trouveront à la cour, et qui seront avertis, par l'ordre du conseil de régence, pour s'y trouver et donner leur avis sur le choix des sujets proposés.

Le conseil de régence s'assemblera quatre ou cinq jours de la semaine, le matin dans la chambre ou cabinet du roi mineur ; et aussitôt qu'il aura dix ans accomplis, il pourra y assister quand il voudra, non pour ordonner et décider, mais pour entendre et prendre la première connaissance des affaires.

En cas d'absence ou d'empêchement du duc d'Orléans, celui qui se trouvera être le premier par son rang, tiendra le conseil, afin que le cours des affaires ne soit pas interrompu ; et s'il y a partage de voix, la sienne prévaudra.

Il sera tenu registre, par le plus ancien des secrétaires d'Etat qui se trouveront présents au conseil, de tout ce qui aura été délibéré et résolu, pour être ensuite les expéditions faites au nom du roi mineur, par ceux qui en seront chargés.

Si, avant qu'il plaise à Dieu nous appeler à lui, quelqu'un de ceux que nous avons nommés pour remplir le conseil de régence, décède ou se trouve hors d'état d'y entrer, nous nous réservons d'y pouvoir nommer une autre personne pour remplir sa place, et nous le ferons par un écrit particulier, qui sera entièrement de notre main, et qui ne paraîtra pareillement qu'après notre décès ; et si nous ne nommons personne, le nombre de ceux qui devront composer le conseil de régence, demeurera réduit à ceux qui se trouveront vivants le jour de notre décès.

Il ne sera fait aucun changement au conseil de régence, tant que durera la minorité du roi ; et si, pendant cette minorité, quelqu'un de ceux que nous y avons nommés, vient à manquer, la place vacante pourra être remplie par le choix et délibération du conseil de régence, sans que le nombre de ceux qui doivent le composer, tel qu'il aura été au jour de notre décès, puisse être augmenté ; et le cas arrivant que plusieurs de ceux qui le composent ne puissent pas y assister, par maladie ou autre empêchement, il faudra toujours qu'il s'y trouve au moins le nombre de sept, de ceux qui sont nommés pour le composer, afin que les délibérations qui y auront été prises aient leur entière force et autorité ; et à cet effet, dans tous les édits, déclarations, lettres-patentes, provisions et actes qui doivent être délibérés au conseil de régence, qui seront expédiées pendant la minorité, il sera fait mention expresse du nom des personnes qui auront assisté au conseil, dans lequel les édits, déclarations, lettres-patentes et autres expéditions, auront été résolus.

Notre principale application, pendant la durée de notre règne, a toujours été de conserver à notre royaume la pureté de la religion catholique, et d'en éloigner toute sorte de nouveauté, et nous avons fait tous nos efforts pour unir à l'église ceux qui en étaient séparés. Notre intention est que le conseil de régence s'attache et maintienne les lois et règlements que nous avons faits à ce sujet ; et nous exhortons le Dauphin, notre arrière-petit-fils, lorsqu'il sera en âge de gouverner, de ne jamais souffrir qu'il y soit donné atteinte ; comme aussi de maintenir avec la même fermeté, les édits que nous avons faits contre les duels, regardant les lois sur le fait de la religion et sur le fait des duels, comme les plus nécessaires et les plus utiles pour attirer la bénédiction de Dieu sur notre prospérité et notre royaume, et pour la conservation de la noblesse, qui en fait la principale force.

Notre intention est que les dispositions contenues dans notre édit du mois de juillet dernier, en faveur du duc du Maine et du comte de Toulouse et leurs descendants, aient pour toujours leur entière exécution, sans qu'en aucun temps il puisse être donné atteinte à ce que nous avons déclaré en cela être de notre volonté.

Entre les différents établissements, que nous avons faits dans le cours de notre règne, il n'y en a point qui soit plus utile à l'Etat que celui de l'hôtel royal des Invalides. Il est bien juste que les soldats qui, par les blessures qu'ils auront reçues à la guerre, ou par leurs longs services et leur âge, sont hors d'état de travailler et gagner leur vie, aient une subsistance assurée pour le reste de leurs jours. Plusieurs officiers, qui sont dénués des biens de fortune, y trouvent aussi une retraite honorable. Toutes sortes de motifs doivent engager le Dauphin et tous les rois, nos successeurs, à soutenir cet établissement, et lui accorder une protection particulière ; nous les y exhortons autant qu'il est en notre pouvoir.

La fondation que nous avons faite d'une maison à Saint-Cyr, pour l'éducation de deux cent cinquante demoiselles, donnera perpétuellement à l'avenir, aux rois, nos successeurs, un moyen de faire des grâces à plusieurs familles de la noblesse du royaume qui, se trouvant chargées d'enfants avec peu de bien, auraient le regret de ne pouvoir pas fournir à la dépense nécessaire pour leur donner une éducation convenable à leur naissance. Nous voulons que si, de notre vivant, les cinquante mille livres de revenu en fonds de terre, que nous avons données pour la fondation, ne sont pas entièrement remplies, il soit fait des acquisitions, le plus promptement qu'il se pourra après notre décès, pour fournir à ce qui s'en manquera et que les autres sommes que nous avons assignées à cette maison sur nos domaines et recettes générales, tant pour augmentation de fondation que pour doter les demoiselles qui sortent à l'âge de vingt ans, soient régulièrement payées. En sorte qu'en nul cas et sous quelque prétexte que ce soit, notre fondation ne puisse être diminuée, et qu'il ne soit donné aucune atteinte à l'union qui a été faite de la mense abbatiale de l'abbaye de Saint-Denis, comme aussi qu'il ne soit rien changé au règlement que nous avons jugé à propos de faire pour le gouvernement de la maison, et pour la qualité des preuves qui doivent être faites par les demoiselles qui y obtiennent des places.

Nous n'avons d'autre vue, dans les dispositions de notre présent testament, que le bien de notre Etat et de nos sujets. Nous prions Dieu qu'il bénisse notre postérité et qu'il nous fasse la grâce de faire un assez bon usage du reste de notre vie, pour effacer nos péchés et obtenir la miséricorde.

Fait à Marly, le 2e d'août 1714

signé : Louis.

Par mon testament déposé au Parlement, j'aï nommé M. le maréchal de Villeroi pour gouverneur du Dauphin, et j'ai marqué quelles doivent être son autorité et ses fonctions. Mon intention est que, du moment de mon décès jusqu'à ce que l'ouverture de mon testament ait été faite, il ait toute l'autorité sur les officiers de la Maison du jeune roi et sur les troupes qui la composent ; qu'il ordonne auxdites troupes, aussitôt après ma mort, de se rendre au lieu où sera le jeune roi pour le mener à Vincennes, l'air y étant très bon.

Le jeune roi allant à Vincennes, passera par Paris et ira au Parlement, pour y être fait ouverture de mon testament, en la présence des princes, des pairs et autres qui ont droit et qui voudront s'y trouver. Dans la marche et pour la séance du jeune roi au Parlement, le maréchal de Villeroi donnera tous les ordres pour que les Gardes du Corps, les Gardes Françaises et Suisses, prennent les postes dans les rues et au palais, que l'on a coutume de prendre, lorsque les rois vont au Parlement ; en sorte que tout se fasse avec la sûreté et la dignité convenables.

Après que mon testament aura été ouvert et lu, le maréchal de Villeroi mènera le jeune roi avec sa maison à Vincennes, où il demeurera tant que le conseil de régence le trouvera à propos. Le maréchal de Villeroi aura le titre de gouverneur, suivant ce qui est porté sur mon testament, aura l'œil sur la conduite du jeune roi, quoi qu'il n'ait pas encore sept ans, jusqu'au quel âge de sept ans accomplis, la duchesse de Ventadour demeurera, ainsi qu'il est accoutumé, toujours gouvernante et chargée des mêmes soins qu'elle a pris jusqu'à présent.

Je nomme pour sous-gouverneur Sommeri, qui l'a déjà été du Dauphin mon petit-fils et Geoffreville, lieutenant général de mes armées. Au surplus, je confirme ce qui est dans mon testament, que je veux être exécuté dans tout ce qu'il contient.

Fait à Versailles, le 13 août 1715

signé : Louis.

Je nomme pour précepteur du jeune roi, l'abbé Fleury, ancien évêque de Fréjus, et pour son conconfesseur le Père Le Tellier.

Fait à Versailles, le 23 août 1715
signé : Louis.

LA MORT

Depuis plus d'un an, le Roi souffrait de maux continuels. Il faut pourtant croire que sa santé restait de fer. Les médecins s'acharnaient sur lui, l'abreuvant d'émétiques, le purgeant comme une bête, le saignant comme à l'abattoir. Le 9 août 1715, il courut une dernière fois le cerf à Marly. Le 11, il y eut encore un conseil à Versailles, mais le 12 Louis XIV commença de se plaindre de douleurs à la cuisse. On crut à une attaque de goutte et on commença de le porter. Il ne devait plus marcher. A partir du 17 il ne quitta plus sa chambre où coucha son médecin, ce prétentieux imbécile de Fagon. La fièvre persista, mais il y eut quelques accalmies qui lui permirent de converser avec le Père Le Tellier et des courtisans. Le 25 août, tambours, hautbois et violons vinrent lui jouer un air pour la Saint-Louis. La faiblesse était grande, cependant le Roi tint à dîner en public :

— J'ai vécu parmi les gens de ma cour. Je veux mourir parmi eux. Ils ont suivi tout le cours de ma vie, il est juste qu'ils me voient mourir... Messieurs, il ne serait pas juste que le plaisir que j'ai de prolonger les derniers moments que je passerai avec vous, vous empêche de dîner. Je vous dis adieu et vous prie d'aller manger (29).

Le soir même Mme de Maintenon le convainquit de recevoir l'Extrême-Onction. Après le départ du cardinal de Rohan et des aumôniers, le Roi se fit apporter une tablette et de sa main tremblante rédigea le deuxième codicille au testament. La goutte était, en réalité, la gangrène. Le 26, un chirurgien sonda la plaie de la jambe et il n'y eut plus de doute. Conscient désormais de l'inévitable, le Roi fit appeler ses officiers et ses courtisans :

— Messieurs, je vous demande pardon du mauvais exemple que je vous ai donné. J'ai bien à vous remercier de la manière dont vous m'avez servi, et de l'attachement et de la fidélité que vous m'avez toujours marquée. Je suis bien fâché de n'avoir point fait pour vous ce que j'aurais voulu faire. Les mauvais temps en sont cause. Je vous demande pour mon petit-fils la même application et la même fidélité que vous avez eues pour moi. C'est un enfant qui pourra essuyer bien des traverses. Que votre exemple en soit un pour tous mes autres sujets. Suivez les ordres que mon neveu vous donnera. Il va gouverner le royaume ; j'espère qu'il le fera bien ; j'espère aussi que vous contribuerez tous à l'union et que, si quelqu'un s'en écartait, vous aideriez à le ramener. Je sens que je m'attendris et que je vous attendris aussi ; je vous en demande pardon. Messieurs, je compte que vous vous souviendrez quelquefois de moi (15).

Puis prenant à part le maréchal de Villeroi, il lui dit :

— Monsieur le Maréchal, je vous donne une nouvelle marque de mon amitié et de ma confiance en mourant. Je vous fais gouverneur du Dauphin, qui est l'emploi le plus important que je puisse donner. Vous saurez, par ce qui est en mon testament, ce que vous devez faire à l'égard de M. le duc du Maine. Je ne doute pas que vous ne me serviez, après la mort, avec la même fidélité que vous l'avez fait pendant ma vie. J'espère que mon neveu vivra avec vous avec la considération et la confiance qu'il doit avoir pour un homme que j'ai toujours aimé. Adieu, Monsieur le Maréchal. J'espère que vous vous souviendrez de moi (24).

Le duc d'Orléans lui rendit visite et l'écouta, pâle et calme :

— Mon neveu, vous voyez ici un roi dans le tombeau et un autre dans le berceau. J'espère que vous aurez bien soin de ce jeune prince, votre neveu et votre roi. Je vous le recommande et meurs en repos, le laissant entre vos mains.

Vous verrez par mes dernières dispositions l'entière confiance que j'ai en vous ; vous êtes régent du royaume, votre naissance vous donne ce droit et mon inclination est de concert avec la justice qui vous est due. Gouvernez bien l'Etat pendant la minorité de ce prince : s'il meurt, vous êtes le maître ; et s'il vit, tâchez surtout d'en faire un roi chrétien, qu'il aime son peuple et qu'il s'en fasse aimer. Encore un coup j'attends tout pour lui de vos soins et vos grandes qualités me répondent du succès de mon attente.

Mon neveu, je vous recommande Mme de Maintenon. Vous savez la considération et l'estime que j'ai eues pour elle. Elle ne m'a donné que de *bons* conseils ; j'aurais bien fait de les suivre. Elle m'a été utile en tout, mais surtout pour mon salut. Faites tout ce qu'elle vous demandera pour elle pour ses parents, pour ses amis, pour ses alliés : elle n'en abusera pas. Qu'elle s'adresse directement à vous pour tout ce qu'elle voudra (30).

On fit venir le futur Louis XV accompagné de sa gouvernante, Mme de Ventadour. Le Roi l'embrassa et lui dit ces mots qui impressionnèrent terriblement l'enfant :

— Mon enfant, vous allez être un grand roi. Ne m'imitez pas dans le goût que j'ai eu pour les bâtiments, ni dans celui que j'ai eu pour la guerre ; tâchez, au contraire, d'avoir la paix avec nos voisins. Rendez à Dieu ce que vous lui devez ; reconnaissez les obligations que vous lui avez ; faites le honorer par vos sujets, ce que je suis assez malheureux pour n'avoir pu faire. N'oubliez point la reconnaissance que vous devez à Mme de Ventadour (29).

Le 27 août, il eut la présence d'esprit de donner à Pontchartrain un ordre macabre :

— Aussitôt que je serai mort, vous expédierez un brevet pour faire porter mon cœur à la maison professe des Jésuites et l'y faire placer de la même manière que celui du feu Roi mon père. Je ne veux pas qu'on y fasse plus de dépense (29).

Mme de Maintenon veilla auprès de lui, en compagnie du père Le Tellier. Ces deux-là étaient déjà démangés du désir de partir. Mme de Maintenon fit ses adieux. Elle regagnait Saint-Cyr.

— J'ai toujours ouï dire qu'il était difficile de mourir ; pour moi qui suis sur le point de ce moment si redoutable aux hommes je ne trouve pas que cela soit difficile. Adieu, Madame, je ne vous ai pas rendue heureuse ; mais tous les sentiments d'estime et d'amitié que vous méritez, je les ai toujours eus pour vous (2).

Apercevant dans un miroir deux valets qui pleuraient, il leur demanda :

— Pourquoi pleurez-vous ? M'avez-vous cru immortel ? Pour moi je n'ai point cru l'être et vous avez dû, à l'âge où je suis, vous préparer à me perdre (30).

Le lendemain, il réclama Mme de Maintenon avec tant d'insistance qu'on alla la chercher. Elle vint quelques instants, plus, semble-t-il, pour liquider ses meubles que pour apporter au Roi un secours moral. Quelques heures après, elle quitta le palais pour retourner à Saint-Cyr, empruntant le carrosse de Villeroi de peur d'être insultée par la foule. Le Tellier resta pour veiller sur les derniers instants. Ainsi pût-il encore empêcher le Roi d'accorder son pardon au cardinal de Noailles et de le revoir. Les persécutions contre les adversaires de la Bulle Unigenitus continueraient. Mais s'il ne pouvait agir, le Roi pouvait encore refuser. Le cardinal de Bissi l'ayant supplié de condamner une dernière fois le Jansénisme, Louis XIV dit non avec la dernière fermeté :

> — J'ai fait tout ce que j'ai pu pour mettre la paix entre vous, je n'ai pu en venir à bout. Je prie Dieu qu'il vous la donne (24).

Le 31, l'agonie commença en présence de quelques fidèles. Tout le monde était déjà chez le duc d'Orléans. Peu avant minuit, l'assistance récita la prière des agonisants. Le Roi fit les répons, les yeux clos, mais la voix forte, et dit encore :

> — *Nunc et in hora mortis...* Oh mon Dieu, venez à mon aide. Hâtez-vous de me secourir.

Le 1er septembre à 8 heures du matin, il mourut dans un soupir. Quelques instants après on criait au balcon : « Le Roi est mort ! Vive le Roi ! »

« Tout se passa, dit Saint-Simon, jusqu'au bout avec cette décence extérieure, cette gravité, cette majesté qui avaient accompagné toutes les actions de sa vie ; il y surnagea un naturel, un air de vérité et de simplicité qui bannit jusqu'aux plus légers soupçons de représentation et de comédie (15). »

BIBLIOGRAPHIE SOMMAIRE

BIBLIOGRAPHIE SOMMAIRE

(1) Philippe Erlanger : *Louis XIV*. Collection « Meneurs d'hommes ». La Table Ronde 1960.

(2) Voltaire : *Le siècle de Louis XIV*. Œuvres complètes. Lefèvre et Deterville 1817.

(3) Louis Bertrand : *Louis XIV*. Collection « Les grandes études historiques ». Fayard 1923.

(4) Dreux du Radier : *Mémoires et anecdotes des Reines et Régentes de France*. Mame frères 1808.

(5) Pierre Gaxotte : *La France de Louis XIV*. Collection « les grandes figures de l'histoire ». Hachette 1946.

(6) Paul Morand : *Fouquet ou le soleil offusqué*. Collection « Leurs figures » Gallimard 1961.

(7) Princesse Palatine : *Lettres*, traduction de G. Brunet. Charpentier 1853.

(8) Mme de Sévigné. *Lettres*. Lefèvre 1843.

(9) Mlle de Montpensier : *Mémoires.* Fayard 1926.
(10) *Louis XIV*. Dumaine 1869.
(11) M. de Coulanges : *Mémoires.* J.J. Blaise, 1820.
(12) Jacques Bainville : *Les dictateurs.* Denoel et Steele 1935.
(13) M. M. Martin : *Le Roi dε France.* La Table Ronde 1963.
(14) Th. Lavallée : *Histoire des Français.* Hetzel et Charpentier 1847.
(15) Saint-Simon : *Mémoires.* Collection « La Pléiade » Gallimard.
(16) Louis Bertrand : *La vie amoureuse de Louis XIV.* Flammarion 1924.
(17) La Varende. *Monsieur le Duc de Saint-Simon et sa comédie humaine.* Hachette 1955.
(18) Jean Longnon : *Mémoires de Louis XIV.* Collection « Les meilleurs écrivains politiques ». Plon 1933.
(19) Charles Kunstler : *La politique de nos rois.* Collection « Les grandes études politiques et sociales ». Fayard, 1942.
(20) Maréchal de Villars : *Mémoires.*
(21) Michelet : *Histoire moderne.* Hachette 1842.
(22) Retz : *Mémoires.* Ledoux et Teuré 1817.
(23) Jacques Boulenger : *Le grand Siècle.* Hachette 1911.
(24) Saint-Simon : *Œuvres Complètes.* JJ. Treuttel et Onfroy 1791.
(25) Pierre Gaxotte, Roger Nimier, Jacques Perret : *Versailles que j'aime.* Sun 1958.
(26) Louis XIV : *Manière de montrer des jardins de Versailles.* Préface de Raoul Girardet. Wittmann-Plon 1951.
(27) J. Vatout : *Palais de Versailles.* Didot 1837.

(28) Claude Saint-André : *La Duchesse de Bourgogne.* Plon 1934.

(29) Georges Mongrédien : *La vie privée de Louis XIV.* Collection « Les vies privées ». Hachette 1938.

(30) *Mémoires historiques et politiques.* Treuttel et Wurtz 1806.

(31) Collection Bovet. Bibliothèque nationale.

TABLE DES MATIÈRES

TABLE DES MATIERES

Cet ouvrage reproduit par procédé photomécanique
a été achevé d'imprimer le 5 août 1983
sur presse CAMERON
dans les ateliers de la S.E.P.C.
à Saint-Amand-Montrond (Cher)

— N° d'édit. 23. — N° d'imp. 1246. —
Dépôt légal : août 1983.

Imprimé en France